Kollektive Identität und Gemeinschaft am Berg

Die Zukunftsfähigkeit der Berglandwirtschaft in zwei Südtiroler Bergweilern

Carolin Holtkamp

Herausgeber

Dicter Gawora

Lateinamerika - Dokumentationsstelle

Kassel 2016

Entwicklungsperspektiven Nr. 106
Kassel 2016

kassel university press GmbH
www.upress.uni-kassel.de

ISBN: 978-3-7376-0234-1 (Print)
ISBN: 978-3-7376-0235-8 (E-Book)
DOI: http://dx.medra.org/10.19211/KUP9783737602358
URN: http://nbn-resolving.de/urn:nbn:de:0002-402353

Bibliografische Information der Deutschen Bibliothek
Die Deutsche Nationalbibliothek verzeichnet diese Publikation in der Deutschen Nationalbibliografie; detaillierte bibliografische Daten sind im Internet über https://portal.dnb.de/ abrufbar.

Titelfoto: Archiv Christoph Tribus
Umschlaggestaltung: Dieter Gawora
Layout: Sven Lämmerhirt

Universität Kassel
FB 05
Nora-Platiel-Str. 5
34127 Kassel
Tel.: 0049 561 804 3385

- Die Debatte über *Entwicklungsperspektiven* steht überall auf der Tagesordnung. Einseitig an wirtschaftlichem Wachstum orientierte Vorstellungen haben verheerende materielle, soziale und psychische Auswirkungen in Lateinamerika, Afrika und Asien, aber auch in Europa und den USA. Obwohl das am Wirtschaftswachstum orientierte Konzept längst kritisiert wurde, ist es nach wie vor für die Richtung unserer wirtschaftlichen und gesellschaftlichen Veränderungen nach innen und außen maßgeblich.

- Die Kritik muss mit konkreten *Entwicklungsperspektiven* für eine humanitäre Entwicklung verbunden werden. Technokratische Politik zur Entwicklung reicht ebenso wenig aus wie politische Utopien. Die Erarbeitung der Perspektiven ist in Wirklichkeit ein umfassender Lernprozess, der ein neues Verständnis von Politik und nicht zuletzt auch ein neues Rollenverständnis von Technikern und Sozialwissenschaftlern erfordert.

- So geht es in dieser Reihe *Entwicklungsperspektiven* darum, emanzipatorische Prozesse im Produktions- und Reproduktionsbereich (bzw. Ursachen für ihre Verhinderung) aufzuzeigen. In ihnen wird an die eigene Geschichte angeknüpft und die eigene Identität erneut gefunden. Die Analyse emanzipatorischer Erfahrungen in verschiedenen Bereichen (Gesundheit, Wohnungsbau, Bildung, Produktionsorganisation) können hier wie dort Schritte auf dem Weg der Lösung von Abhängigkeiten hin zur Selbstbestimmung klären helfen.

Entwicklungsperspektiven sind heute schwer zu erkennen, daher suchen wir

- Berichte aus der Erfahrung demokratischer Organisationen, Analysen anderer Gesellschaften und Kulturen sowie ihrer Wirtschafts- und Lebensweisen.
- Auswertungen von Erfahrungen in Entwicklungsprojekten.
- Dokumente mit Hilfe derer die Lernprozesse aus diesen Erfahrungen von Europa nach Lateinamerika und vice versa vermittelt werden können.

LATEINAMERIKA-DOKUMENTATIONSSTELLE
Universität Kassel
FB 5

Inhaltsverzeichnis

Einleitung 7
    Beitrag der Forschungsarbeit für Wissenschaft und Politik 9
    Status Quo der Südtiroler Landwirtschaft 9
    Aufbau der Arbeit und Literaturspiegel 11
Forschungsgrundlagen und Hypothesenbildung 13
    Kollektive Identität und Gemeinschaft nach G. H. Mead und F. Tönnies 14
    Gemeinschaften in der Gegenwart 20
    Herleitung der Forschungshypothese 24
Methodik 27
    Untersuchungsdesign 27
    Sample 28
    Untersuchungsgebiete 29
    Untersuchungsdurchführung 34
    Auswertungsmethode 35
    Darstellung der Ergebnisse und Interpretation 37
Kollektive Identität der Bergbauern und -bäuerinnen 38
    Kollektives Bewusstsein und gemeinsamer Werterahmen 38
    Zugehörigkeit 42
    Abgrenzung 64
Gemeinschaft am Berg 69
    Territoriale Einheit 69
    Gemeinsamkeiten 71
    Wechselseitige Beziehungen 73
    Aktiv-Kultur 77
    Enge 78
    Dynamik und Anpassungsfähigkeit 79
Geltungsbedeutung der Gesellschaft für die Gemeinschaftsmitglieder 81
    Ökonomische Reproduktion 82
    Ökologische Reproduktion 90
    Soziale Reproduktion 93
Fazit 98
    Diskussion der Forschungshypothese 98
    Kritische Würdigung, Perspektiven und Ausblick 105
Quellen 107

ABBILDUNGEN

Abb. 1: Die Gemeinden Algrund und Partschins 30
Abb. 2: Vellauer Berghöfe 32
Abb. 3: Tablander Berghöfe 33

TABELLEN

Tabelle 1: Soziodemographische Daten und Typisierung der Betriebe 29

ABKÜRZUNGEN

ASTAT	Landesinstitut für Statistik
FT	Forschungstagebuch
GAP	Gemeinsame Agrarpolitik
IP	InterviewpartnerIn
LGF	Landwirtschaftliche Gesamtfläche
LNF	Landwirtschaftliche Nutzfläche

Einleitung

„Olympia: Im freien Fall. Ein Aufstand der Landwirte in Garmisch-Partenkirchen bedroht die Kandidatur für die Winterspiele 2018" titelte der Spiegel am 03. Januar 2011, fünf Monate vor der Vergabe der Winterspiele. Die Olympiabewerbung Münchens scheiterte maßgeblich daran, dass die Bergbauern und -bäuerinnen in Garmisch-Partenkirchen nicht dazu bereit waren, ihre Wiesen an das Olympiakomitee zu verpachten oder zu verkaufen. Die Bergbäuerin Agnes Geyer erklärte dazu: „Mit Geld können wir unsere Viecher nicht füttern!" (Pfeil 2011: 2) Sie fürchte um ihre Heimat, die Natur und das Leben auf den Höfen. Schon ohne die Winterspiele würden diese Werte vom Tourismus zu stark belastet (Spiegel 2011: 2f).

Die Bergbauern und -bäuerinnen in Garmisch-Partenkirchen und den gesamten Alpen sind die Nachfahren der Agrargemeinschaften, die die alpinen Räume vor etwa 10.000 Jahren urbar machten. Durch die Bearbeitung der natürlichen Gebirgslandschaft prägten Generationen von Bergbauern und -bäuerinnen die Alpen wie kein anderer Wirtschaftszweig (Bätzing 2003: 46). Ihr gemeinsames Lebensprodukt ist die charakteristische Kulturlandschaft der Alpen mit dem Wechsel aus Wiesen, Weiden, Almen, Forst und Bergbauernhöfen, sowie eine bäuerliche Soziokultur mit jahrhundertealten Wurzeln.

Da die Landschaft die ökonomische und materielle Lebensgrundlage der vormodernen Agrargemeinschaften darstellte, war es ihre stetige Sorge die Produktivität der Landschaft zu erhalten. Entsprechend der regionalen Bedingungen entwickelten sich unterschiedliche Systeme der Berglandwirtschaft, dessen gemeinsames Ziel in der Aufrechterhaltung der Kulturlandschaft liegt. Dahingehend weist jedes System ein ausgewogenes Verhältnis von Prinzipien der Pflege und der Bewirtschaftung auf. Diese sind wiederum eingebettet in eine spezifische regionale Soziokultur mit gemeinschaftlichen Sozialstrukturen. Letztere nehmen einen wichtigen Stellenwert innerhalb der Systeme der Berglandwirtschaft ein, denn die lebensfeindliche Gebirgsnatur kann nur im Verbund der Hofgemeinschaften und Bergweiler gebändigt und nutzbar gemacht werden. Bis heute beruhen viele Denk- und Handlungsstrukturen der Bergbauern und -bäuerinnen auf den tradierten Prinzipien ihrer Vorfahren. Dies macht die Bergbauernlandwirtschaft zu einem Beispiel traditioneller Lebens- und Wirtschaftsweise innerhalb der modernen Gesellschaft.

Seitdem sich die Marktwirtschaft Mitte des 19. Jahrhunderts in den Alpen etablierte und insbesondere seit der Industrialisierung der Landwirtschaft nach dem Zweiten Weltkrieg sinkt die Zahl der Berghöfe in den gesamten Alpen ähnlich dem Höfesterben im Flachland. Während es im Jahr 1980 alpenweit noch 450.000 Berghöfe gab, waren es im Jahr 2010 mit 290.000 Betriebe nur noch etwas mehr als die Hälfte. Besonders betroffen sind die südlichen und östlichen Alpengebiete mit Stilllegungsraten zwischen 44 und 50% in der Dekade 2000 bis 2010 (Bätzing 2015: 154).

Mit den Berghöfen droht nicht nur ein Wirtschafzweig zu verschwinden, sondern auch der spezifische Charakter der Alpen als natürlicher und kultureller Lebensraum. Dies hat weitreichende ökonomische, ökologische, ästhetische, infrastrukturelle und kulturelle Konsequenzen (Bätzing 2015: 162). Der Erhalt der Berglandwirtschaft wurde daher spätestens seit der Ratifizierung der Alpenkonvention, einem völkerrechtlichen Vertrag aus dem Jahr 1991, zum politischen Ziel aller Alpenanrainerstaaten erklärt (Götz/Roher 2011: 6). Die Förderpolitik dieser Staaten konzentriert sich derweil weitestgehend auf den Rahmen der europäischen Agrarpolitik (GAP). Dessen Fokus liegt auf der finanziellen Förderung der Landwirtschaft durch einkommenswirksame Direktzahlungen (GAP I) und Strukturfördermaßnahmen (GAP II) (Holtkamp 2015: 24ff). An Betriebsstilllegungsraten von bis zu 50% zwischen 2000 und 2010 wird deutlich, dass der Erhalt der alpinen Berglandwirtschaft bislang nicht gesichert werden konnte. Die Höhe der Aufgaberaten variiert jedoch von Region zu Region stark (Bätzing 2015: 154) und liegt teilweise unter denen des europäischen Durchschnitts (Kirchengast/Schermer 2006: 2f).

Eine Reihe von Studien (Baur et al. 1999, Groier 2004, Streifender 2009) befasste sich mit den Ursachen für die Betriebsstilllegungen oder dem umfassenderen Agrarstrukturwandel in den Alpen. **Das Ziel der vorliegenden Forschungsarbeit ist die Beantwortung der Frage, was die verbleibenden Bergbauern und –bäuerinnen in den Alpen zum Erhalt ihrer Landwirtschaft bewegt?** Nur mit Hilfe der Antwort auf diese Frage kann es gelingen, eine Förderpolitik zu entwerfen, die dem Zerfall der Berglandwirtschaft erfolgreich entgegenwirkt.

Das Beispiel Garmisch-Partenkirchen weist darauf hin, dass rein finanzielle Aspekte nicht der einzige Beweggrund für den Erhalt der Bergbetriebe sind. Kulturelle Werte und die sozialen Strukturen innerhalb der Berglandwirtschaft scheinen wichtiger zu sein. Die soziokulturelle Dimension der Bergbauernlandwirtschaft wurde auch in Wissenschaft und Politik als bedeutend für den Erhalt der Berglandwirtschaft erkannt. So schreibt der Alpenexperte Werner Bätzing, dass die Berglandwirtschaft nicht nur lohnenswert, sondern auch lebenswert bleiben müsse. Gegenwärtig bestehe jedoch eine große Unsicherheit darüber, wie die soziokulturelle Dimension der Berglandwirtschaft zu fördern sei (Bätzing 2009: 161).

Bätzing und das Fallbeispiel Garmisch-Partenkirchen geben Evidenz für die Annahme, dass die Antwort des Forschungsinteresses in der soziokulturellen Dimension der Berglandwirtschaft liegt. Der Fokus dieser empirischen Arbeit liegt daher auf der Analyse der kollektiven Identität und Gemeinschaft der Bergbauern und -bäuerinnen und ihrer Bedeutung für den Erhalt der Berglandwirtschaft.

Beitrag der Forschungsarbeit für Wissenschaft und Politik

Die Gemeinschaft ist eine Sonderform der sozialen Gruppe, die sich durch direkte, wechselseitige und emotionale Sozialbeziehungen ihrer Mitglieder kennzeichnet. Kollektive Identität bildet den Kern einer jeden Gemeinschaft. Sie zeichnet sich vor allem durch ein kollektives Bewusstsein und gemeinsame Werte aus. Die Gemeinschaftsmitglieder identifizieren sich über die kollektive Identität als Gruppe und grenzen sich von anderen ab. Als Form des menschlichen Zusammenlebens wurde die Gemeinschaft wissenschaftsübergreifend für lange Zeit als unbedeutend bzw. als Antagonismus zur modernen Gesellschaft betrachtet (Gawora 2016: 1). Letztere kennzeichnet sich, im Unterschied zur Gemeinschaft, durch die Zweckrationalität und Einseitigkeit der Beziehungen.

Tatsächlich leben die Menschen in der modernen Gesellschaft in zunehmendem Maße neben- statt miteinander und der Staat übernimmt Funktionen, die einst durch tradierte Sozialstrukturen ausgeübt wurden (C./M. Uzarewicz 1997: 60f). Dennoch sind traditionelle Gemeinschaften bis heute nicht verschwunden. Sie werden jedoch vielfach durch die Gesellschaft bedroht. Angetrieben durch diese Bedrohungen, haben sich viele Gemeinschaften an die globalen Veränderungsprozesse angepasst, sodass sie heute im Idealfall im funktionalen Austausch mit der Gesellschaft stehen. Vor allem bieten sie lokale Lösungen für verschiedentliche, globale Krisen und Fehlentwicklungen und eine emotionale Sicherheit im Zuge der Individualisierung und Entfremdung. Diese Funktionen machen Gemeinschaften zu einem strategischen Partner der nachhaltigen Entwicklung (Gawora 2011: 28). Auch der Berglandwirtschaft wird eine tragende Rolle für die nachhaltige Entwicklung des Alpenraumes zugesprochen. In den 1980er Jahren wurden insbesondere die ökologischen Funktionen der Berglandwirtschaft für die Umwelt thematisiert (u.a. Holzberger 1986; Messerli 1989). Der Umweltgipfel in Rio im Jahr 1992 legte die Grundlage für die Anerkennung und Förderung ihrer Multifunktionalität. Dabei handelt es sich um ökonomische, ökologische und soziale Funktionen für die Bergbevölkerung und die Gesellschaft im Allgemeinen (Baur et al. 1999: 273). Im Detail wird auf diese Funktionen in Kapitel „Geltungsbedeutung der Gesellschaft für die Gemeinschaftsmitglieder" dieser Arbeit eingegangen.

Vor dem Hintergrund ihrer Bedeutung für die nachhaltige Entwicklung werden Gemeinschaften gegenwärtig sowohl auf wissenschaftlicher als auch auf zivilgesellschaftlicher und politischer Ebene wiederentdeckt und es werden Lösungen für ihren Erhalt gesucht. In diesem Kontext ist auch die vorliegende Forschungsarbeit zur Berglandwirtschaft einzuordnen. Sie bietet sowohl einen Beitrag zu den theoretischen Diskursen der Gemeinschaft und der Nachhaltigkeit, als auch zur Verbesserung der politischen Förderpraxis im Bereich der Bergbauernlandwirtschaft.

Status Quo der Südtiroler Landwirtschaft

Die Untersuchungsgebiete dieser Forschungsarbeit liegen im Raum Südtirol. Die autonome Provinz im äußersten Norden Italiens wurde ausgewählt, da die

Südtiroler Berglandwirtschaft im alpenweiten Vergleich eine der geringsten Raten der Betriebsstilllegungen aufweist. Die Frage, warum die Bergbauern und -bäuerinnen am Berg bleiben, kann daher besonders gut in Südtirol erforscht werden.

Die Südtiroler Berglandwirtschaft wird größtenteils charakterisiert durch die germanische Berglandwirtschaft, obwohl romanische Einflüsse gerade im Vinschgau eine Rolle spielen. Die Höfe der germanischen Berglandwirtschaft sind im Allgemeinen in Streusiedlungen angesiedelt. Das heißt, die Wirtschaftsgründe grenzen an die einzelnen Höfe an, sodass zwischen ihnen ein relativ großer Abstand liegt. Insgesamt bilden die Höfe die materielle aber auch kulturelle Existenzgrundlage der Hofgemeinschaften und die kleinste Lebens- und Wirtschaftseinheit innerhalb der Bergweiler. Traditionell war es der Anspruch der Hofgemeinschaften, möglichst alle Bodentypen, d.h. Wiese, Weide, Wald, Acker und Alm, privat zu besitzen, damit das Leben auf den Höfen möglichst autark gestaltet werden konnte. Bis heute basiert die Bewirtschaftung dieser Bodentypen auf einem vertikal angeordneten Nutzungssystem und zur Sicherung der Existenzfähigkeit werden die Höfe nach tradierter Regel nur als Ganzes an einen einzigen Erben vererbt (Bätzing 2003: 56; Leonardi 2009: 10).

Kennzeichnend für die Südtiroler Agrarstruktur ist weiterhin, dass 96,1% aller landwirtschaftlichen Betriebe, d.h. Obst-, Vieh- und Forstbetriebe, als kleinstrukturierte Familienbetriebe geführt werden (ASTAT 2013: 5). Abgesehen von der allgemeinen Kleinstrukturiertheit verläuft die Agrarstrukturentwicklung entlang der Grenze der beiden Hauptgruppen, Obst- und Viehwirtschaft, sehr heterogen. Die Südtiroler Obstlandwirtschaft entstand nach der Trockenlegung der Täler Anfang des 20. Jahrhunderts. Die günstigen klimatischen Verhältnisse in den Tälern, industrielle Produktionsmethoden sowie die starke genossenschaftliche Organisation der Betriebe machen sie auf dem globalen Markt konkurrenzfähig (Bätzing 2003: 133). Demgegenüber stehen die Viehbetriebe, die an den Berghängen oberhalb der Obst- und Gemüsegrenze und in den klimatisch weniger begünstigten Tälern angesiedelt sind. Auf Grund der Neigung und Kleinstrukturiertheit ihrer Nutzflächen ist die Industrialisierung der Viehbetriebe nur im begrenzten Ausmaß möglich. Dadurch sehen sie sich, im Vergleich zu den Obst- und Grünlandbetrieben im Tal und im europäischen Flachland, ökonomisch benachteiligt. Bei einem höheren durchschnittlichen Arbeitseinsatz und mehr landwirtschaftlicher Nutzfläche verdient ein durchschnittlicher Weideviehbetrieb rund ein Drittel weniger als ein durchschnittlicher Obstbetrieb (Holtkamp 2015: 17).

Als Bergbauernhof gelten im Zuge dieser Arbeit lediglich die Weideviehbetriebe, da die traditionellen Lebens- und Bewirtschaftungsprinzipien aus der Viehwirtschaft stammen. Politisch gesehen gilt dagegen ganz Südtirol als Berggebiet, wodurch sowohl die Obst- als auch die Viehbetriebe als Bergbetriebe eingestuft und entsprechend gefördert werden (Cole/Wolf 1995: 122). Insgesamt wurden in Südtirol bei den letzten landwirtschaftlichen Erhebungen im Jahr 2010 20.247 landwirtschaftliche Betriebe gezählt, davon waren 43,9% Weideviehbetriebe. Auf Grund politischer Besonderheiten hielten sich die Betriebszahlen in Südtirol bis in die 80er Jahre relativ stabil. Ab den 1990er Jahren reihte sich jedoch auch Südtirol in den generellen Prozess der Hofstilllegungen ein. Die Aufgaberate der landwirtschaftlichen Betriebe steigerte sich sogar von 3,1% zwischen 1990 und 2000 auf 12,1 % zwischen 2000 und 2010. Viehbetriebe wurden dabei häufiger stillgelegt als Obstbetriebe (Holtkamp 2015: 12). Mit den Betriebsstilllegungen ging in der Dekade 2000-2010 erstmals auch ein Rückgang der landwirtschaftlichen Nutzflächen (LNF) in der Höhe von 10,4% einher. Diese Flächen werden entweder aufgelassen, sodass dort eine Tendenz zur Verbuschung besteht oder aber die Flächen wurden einer anderen Nutzung zugeführt, wie z.B. dem Straßen- oder Siedlungsbau (Holtkamp 2015: 12).

Zusammenfassend vollzog sich der Agrarstrukturwandel in der Periode zwischen 1990 und 2010 vor allem über einen exponentiell steigenden Rückgang der Betriebszahlen und die Aufgabe landwirtschaftlicher Nutzflächen. Diese Entwicklung steht im Gegensatz zum Agrarstrukturwandel zwischen 1970 und 1990, der vor allem durch die Spezialisierung und Intensivierung der Bewirtschaftung gekennzeichnet war (Holtkamp 2015: 17).

Aufbau der Arbeit und Literaturspiegel
Die vorliegende Forschungsarbeit gliedert sich in sieben Abschnitte. Aufbauend auf die Einleitung wird in Kapitel „Forschungsgrundlagen und Hypothesenherleitung" eine theoretische Wissensgrundlage für die Konzepte „kollektive Identität" und „Gemeinschaft" gelegt. Diese wird um die Erkenntnisse aus empirischen Fallbeispielen zu traditionellen und neuen Formen der Gemeinschaften erweitert. Die theoretischen und empirischen Forschungsgrundlagen dienen der Herleitung der Forschungshypothese, der Entwicklung der Arbeitsfragen und der Erstellung des Kategoriensystems, auf Grundlage dessen die empirischen Forschungsdaten ausgewertet werden. Die detaillierte Methodik der Forschungsarbeit wird im Kapitel „Methodik" erläutert. In den Kapiteln „Kollektive Identität der Bergbauern und -bäuerinnen", „Gemeinschaft am Berg" und „Geltungsbedeutung der Gesellschaft für die Gemeinschaftsmitglieder" werden die Ergebnisse zu den Arbeitsfragen „kollektive Identität", „Gemeinschaft" und „Vergesellschaftung" in jeweils einzelnen Kapiteln dargestellt und interpretiert. Im Fazit werden die empirischen Erkenntnise abschließend zusammengeführt und in Bezug auf die übergeordnete Forschungshypothese diskutiert.

Die Literaturlage zur Arbeit ist umfassend, eine konkrete Theorie der Gemeinschaft besteht jedoch nicht. Das Kapitel „Forschungsgrundlagen und Hypothesenherleitung" basiert daher auf der Verbindung der theoretischen Ansätze zum Konzept der Identität von G.H. Mead (1973) und der Analyse der Gemeinschaft durch F. Tönnies (1887). Diese theoretische Grundlage wird erweitert durch empirische Forschungsarbeiten aus dem noch jungen, wissenschaftlichen Diskurs traditioneller Gemeinschaften. Zur Herleitung der Forschungshypothese wurden darüber hinaus empirische Forschungsarbeiten von

Streifender (2009) sowie Schwärz (2011), Burger-Scheidlin (2002) und Cole/Wolf (1995) zu Grunde gelegt. Diese beschäftigen sich mit den Ursachen des Agrarstrukturwandels in den Alpen bzw. der bergbäuerlichen Identität. Der methodische Teil der Arbeit stützt sich vor allem auf die Empfehlungen der Methodenforscher U. Flick (2009) und P. Mayring (2010). Mit dem Ziel einer umfassenden und interdisziplinären Ergebnisinterpretation wurde darüber hinaus in Kapiteln „Kollektive Identität der Bergbauern und -bäuerinnen", „Gemeinschaft am Berg" und „Geltungsbedeutung der Gesellschaft für die Gemeinschaftsmitglieder" verschiedenste Literatur aus (Agrar-) Soziologie, Ethnologie, Volkskunde und Geographie hinzugezogen.

Forschungsgrundlagen und Hypothesenherleitung

Den theoretischen Rahmen des Forschungsvorhabens bilden die Konzepte „kollektive Identität" und „Gemeinschaft". Der Begriff der Identität ist in den Wissenschaften umstritten, eine bereichsübergreifende Definition existiert bisher nicht. G.H. Mead (1863-1931) setzte jedoch mit seinem Werk „Geist, Identität und Gesellschaft aus der Sicht des Sozialbehaviorismus" (1973) einen wichtigen Meilenstein in der Identitätsdebatte. Er etablierte die Vorstellung einer „dialogische[n] und intersubjektive[n] Konstitution personaler Identität" (Rosa 1998: 69). Laut Mead geht persönliche Identität erst aus kollektiver Identität hervor und wirkt dann in geringem Maße wieder auf sie zurück (Rosa 1998: 69). Damit liefert Mead, ohne sich in seinen Ausführungen explizit mit dem Konzept der kollektiven Identität zu beschäftigen, zentrale Hinweise auf die Existenz und Bedeutung kollektiver Identität.

Den Begriff der Gemeinschaft prägte vor allem Ferdinand Tönnies (1855-1936) mit seinem Werk „Gemeinschaft und Gesellschaft" von 1887, einem Klassiker der deutschen Soziologie. Auf den ersten Seiten seines Werkes wird deutlich, dass Tönnies Gemeinschaft als ursprüngliche und organische „Seinsform" des Menschen erfasst, während er die Gesellschaft als künstliche versteht:

> Gemeinschaft ist das dauernde und echte Zusammenleben, Gesellschaft nur ein vorübergehendes und scheinbares. Und dem ist es gemäß, dass Gemeinschaft selber als ein lebendiger Organismus, Gesellschaft als ein mechanisches Aggregat und Artefakt verstanden werden soll. (Tönnies 1991: 4)

In der Zeit des Nationalsozialismus wurde Tönnies' Gemeinschaftsbegriff für die Gemeinschaftsrhetorik der Nationalsozialisten missbräuchlich verwendet. Die Erinnerung an diese Zeit sowie der individualistische Fortschrittsgedanke der Moderne ließen Tönnies und die Gemeinschaftsdebatte bis in die 80er Jahre hinein in Vergessenheit geraten bzw. wurden tabuisiert (Spitta 2013: 27). Heute stellen Tönnies' Reflexionen zum Gemeinschaftsbegriff und dessen Abgrenzung zu anderen Gemeinkonzepten wie Gesellschaft, Staat und Klasse wieder wesentliche Grundlagen für den neuerlich entfachten Gemeindiskurs dar (Rehberg 1993: 23f; Spitta 2013: 27).

Die Ansätze von Mead und Tönnies ähneln und ergänzen sich. Beide gehen davon aus, dass der Mensch widersprüchliche Seiten in sich trägt, die es zu vermitteln gilt, als da sind, eine natürliche, wilde und eine angepasste, reflexive Seite. Bei Mead werden diese Seiten durch das Ich und das ICH ausgedrückt, bei Tönnies ist es der Gegensatz von Gesellschaft und Gemeinschaft. Die Spannungen zwischen den jeweiligen Polen sind bei beiden der Grund für Fortschritt. Während Tönnies sich stärker mit der Beschaffenheit von Gemeinschaft und Gesellschaft auseinandersetzt, geht Mead vom Individuum aus. Er schafft es, im Gegensatz zu Tönnies, zu erklären, warum die Spannungen zwischen den Polen zu Fortschritt führen (Groß 2006: 10ff).

Werden Mead und Tönnies zusammengedacht, bilden ihre Ansätze ein erkenntnisreiches Theoriemodell für die empirische Untersuchung der kollektiven Identität und der gemeinschaftlichen Sozialbeziehungen am Berg. An die Darstellung des theoretischen Modells schließt sich die Vorstellung aktueller Fallbeispiele traditioneller und moderner Gemeinschaften an. Studien zu diesen Gemeinschaften liefern empirische Erkenntnisse zur Bedeutung kollektiver Identität und gemeinschaftlicher Sozialmodelle in der Gegenwart. In Bezug auf die Bergbauern und -bäuerinnen wurden in neuerer Zeit zwei Studien zum Thema bergbäuerlicher Identität (Schwärz 2011; Burger-Scheidlin 2002) durchgeführt. Zwei weitere Studien (Baur et al. 1999; Streifender 2009) beschäftigen sich mit dem Agrarstrukturwandel in Südtirol und den Alpen im Allgemeinen. Darüber hinaus existiert eine umfassende anthropologische Studie aus den 1960er Jahren (Cole/Wolf 1995), die sich u.a. mit der bergbäuerlichen Identität und der Grenze zwischen der germanisch und der romanisch geprägten Berglandwirtschaft beschäftigt. Die wichtigsten Erkenntnisse aus diesen Studien und weiterer Literatur wurden bereits in Holtkamp 2015 thematisiert. Sie werden in Kapitel „Herleitung der Forschungshypothese" zusammenfassend dargestellt und bilden zusammen mit den Erkenntnissen aus Kapitel „Kollektive Identität und Gemeinschaft nach G. H. Mead und F. Tönnies" und „Gemeinschaften in der Gegenwart" die Grundlage zur Formulierung der Forschungshypothese und der Arbeitsfragen dieser Forschungsarbeit.

Kollektive Identität und Gemeinschaft nach G. H. Mead und F. Tönnies
Indem Mead und Tönnies zusammengedacht werden, sollen im Nachfolgenden Antworten auf die Fragen „Was ist kollektive Identität?", „Was ist Gemeinschaft?", „Welche Verbindung besteht zwischen kollektiver Identität und Gemeinschaft?" und „Was bedeuten beide für das Individuum?" zu geben versucht werden. Der Begriff „kollektive Identität" suggeriert, dass Kollektive im Allgemeinen, also Mengen, Massen, Gemeinschaften und Gruppen, Träger einer derartigen Identität sind. Grundlegend für die Beantwortung der Fragen ist die Annahme, dass die suggerierte Emphase kollektiver Identität, also das, wonach der Mensch sich sehnt, wenn es um kollektive Identität geht, lediglich in Gemeinschaften gefunden werden kann (C./M. Uzarewicz 1997: 110).

Kollektive Identität als organisch-gemeinschaftliche Vernunft
Kollektive Identität konstituiert sich aus den einzelnen Haltungen der Gemeinschaftsmitglieder, dennoch ist sie mehr als nur die Summe ihrer Elemente, denn durch die Interaktion der einzelnen Psychen entsteht ein übergeordneter Werterahmen (Mead 1973: 193ff). Gleichzeitig resultiert, nach Durkheim (1981: 505ff), durch die vollkommene Identifikation jedes Gruppenmitglieds mit den kollektiven Werten, ein **Kollektivbewusstsein**. Dieses veranlasst die Individuen dazu, ihr Verhalten an den Werten der Gruppe auszurichten und alle persönlichen Interessen und Handlungen dem obersten Ziel der Gemeinschaft, ihrem Selbsterhalt, unterzuordnen. Das geschilderte Verhalten des Individuums,

Teil einer Gemeinschaft zu sein, dessen Werte und Ziele es eigene Werte und Ziele unterordnet, erscheint zunächst selbstlos. Wie nachfolgend deutlich werden wird, hat das Individuum jedoch objektiv nachvollziehbare Gründe dafür.

Eingangs wurde schon angedeutet, dass Mead Identität als prozesshafte, reflexive und sich in sozialen Beziehungen entfaltende Entwicklung begreift (Rosa 1998: 69). Identität ist demnach immer an die Interaktion mit anderen gebunden. Im Stadium des Heranwachsens, so Mead, interagiert das Individuum mit seiner engeren sozialen Umwelt. Indem es ihre Werte kennenlernt und sie übernimmt, um sich in der sozialen Gruppe zurechtfinden zu können, wird es durch sie geprägt. Gleichzeitig lernt es, sich in seiner individuellen Einzigartigkeit von den anderen abzugrenzen (Mead 1973: 191ff). Diese Vorstellung verdeutlicht Mead mit seinen zwei Phasen der Identität, dem „ICH", das die Werte der Gemeinschaft verkörpert und dem „Ich", welches die eigenen, impulsiven Züge des Individuums widerspiegelt. Beide Phasen sind im Individuum vorhanden. Eine stabile Identität zeichnet sich durch eine dauerhafte Vermittlung zwischen diesen Phasen aus (Mead 1973: 221f; 240ff).

Die Abhängigkeit von der Gruppe endet jedoch nicht mit dem Aufbau einer stabilen Identität. Auch ihr Erhalt gelingt nur auf der Basis der Gruppenzugehörigkeit und auf den damit verbundenen Gefühlen der **Zugehörigkeit**. Die Voraussetzungen für Zugehörigkeitsgefühle sind zum einen die Anerkennung des Individuums durch die Mitglieder der Gemeinschaft, zum anderen die Anerkennung der gemeinschaftlichen Werte durch das Individuum. Dieses fühlt sich mit seinen Bedürfnissen in der Gemeinschaft Gleichgesinnter gut aufgehoben. Dieser Vorgang des beidseitigen Anerkennens heißt kollektive Identifizierung. Er ermöglicht es der einzelnen Person, sich selbst zu definieren und im sozialen Raum unter dem Dach eines gemeinsamen Sinnhorizonts zu verorten (Mead 1973: 177; 248). Gleichzeitig wird dem Individuum durch die entgegengebrachte Anerkennung deutlich, dass es einen Wert für die Gemeinschaft hat. Aus dieser Gewissheit schöpft es Selbstwert und sieht Sinn in seiner Existenz (Mead 1973: 248f).

Wenn kollektive Identität bedeutet, sich einer Gemeinschaft zugehörig zu fühlen, so stellen die verbindenden Merkmale der Gemeinschaft gleichzeitig ein Abgrenzungskriterium nach außen dar (Dietzel 2011: 14). Selbstdefinition und Verortung des Individuums kann daher auch über den Weg der **Abgrenzung** geschehen. Mead beschreibt, dass Abgrenzung häufig mit Überlegenheitsgefühlen einherginge. Diese, so betont er, seien nicht automatisch mit Überheblichkeit gleichzusetzen, da wahre Überlegenheit auf der Erfüllung definitiver Funktionen beruhe, die gesellschaftlich gemeinhin wertgeschätzt werden. Ein guter Chirurg zum Beispiel erbringe der Gesellschaft auf Grund seiner Fähigkeiten einen wertvollen Nutzen (Mead 1973: 252). Da die gesellschaftliche Anerkennung für die individuellen Abgrenzungsbestrebungen jedoch stark divergiert, gelingt Abgrenzung auf Grundlage von Überlegenheitsgefühlen leichter, wenn sie im Kollektiv ausgelebt wird (Mead 1973: 251). In Analogie mit dem Chirurgen entwickeln daher auch Gruppen Überlegenheitsgefühle auf der Basis ihrer Funktionen oder Eigenschaften. Eine weitere Form der Abgrenzung basiert auf dem Aufbau eines gemeinsamen Freund-Feind-Schemas. Dazu werden die Eigenschaften anderer Gruppen stigmatisiert und so das Ansehen der eigenen Gruppe erhöht. Der Kampf gegen den gemeinsamen Feind sei, so Mead, die leichteste Art die eigene Identität auszudrücken (Mead 1973: 265). Die Methode geht mit einer Binnenintegration der Gruppenmitglieder einher, wobei Intoleranz gegenüber allem Fremden „eine Abwehr gegen ein Gefühl der Identitätsdiffusion" darstellt (Erikson 1959: 110). Insgesamt sei Abgrenzung in jeglicher Form, so Mead (1973: 252f), ausschlaggebend für das Bestehen der Gruppe, da nur die organisiertesten Gruppen gegenüber äußeren, feindlichen Bedrohungen überlebten.

Es wurde deutlich, dass kollektive Identifizierung einerseits mit Zugehörigkeit zu einer Gruppe, andererseits mit der Abgrenzung von anderen Individuen und Gruppen einhergeht (Dietzel 2011: 11ff). Auf individueller Ebene findet darüber hinaus eine Abgrenzung von den Mitgliedern der eigenen Gruppe statt. Sowohl Zugehörigkeit als auch Abgrenzung sind Wege der Selbstdefinition und Verortung des Individuums im sozialen Raum. Darüber hinaus erfährt es durch die Anerkennung im Kollektiv, dass sein Dasein einen Sinn hat. Die kollektive Identität hat dabei sowohl eine konstitutive als auch eine erhaltende Bedeutung für die persönliche Identität jedes Individuums. Eine Absage an die Gruppenidentität, die als ICH einen unverzichtbaren Bestandteil der persönlichen Identität bildet, würde daher unter Umständen die Aufgabe der persönlichen Identität bedeuten, oder mit den Worten Meads ausgedrückt: „eine Art Selbstmord der Identität im Prozeß [sic!] ihrer Verwirklichung." (Mead 1973: 258)

Auf der Metaebene hat die kollektive Identität eine weitere Bedeutung für das Individuum. Als Element sich potenzierender Kräfte nimmt das Individuum Anteil an den überindividuellen Leistungen der Gemeinschaft, so z.B. moralische Ideen oder wissenschaftliche Errungenschaften (Mead 1973: 258). Indem diese Leistungen und die kollektive Identität der Gemeinschaft über den Tod des Einzelnen hinaus bestehen, stellt die Identifizierung mit einer Gemeinschaft eine „Form des symbolischen Über- oder Weiterlebens" dar (C./M. Uzarewicz 1997: 22f).

Geschlossene Gemeinschaften eigneten sich, laut Mead (1973: 43) und anderen Autoren (Lohauß 1995: 41ff; C./M. Uzarewicz 1997: 110), für die kollektive Identifizierung am besten. Die Begründung dafür liegt in der Überschaubarkeit der gemeinschaftlichen Sozialstruktur, die direkte Beziehungen ermöglicht. Dies begünstige die Übereinstimmung der gesellschaftlichen Verortung mit der Selbstdefinition des Individuums. Darüber hinaus integrieren nur Gemeinschaften die ganze Identität des Individuums. Funktional differenzierte Gesellschaften beziehen sich dagegen immer nur auf Teilidentitäten, die jeweils andere Rollen des Individuums repräsentieren (C./M. Uzarewicz 1997: 78 und vgl. Kap. „Gemeinschaften in der Gegenwart"). Das Verhalten der Individuen in der Gemeinschaft betrachtet Tönnies daher als das ursprüngliche Verhalten der Menschen (Tönnies 1991: 3f; 21f). Dieses beruhe nicht auf Irrationalität, sondern sei als „organisch-gemeinschaftliche Vernunft in den Willen und das Wesen der Gemeinschaft integriert." (Spitta 2013: 203)

Strukturelle Kennzeichen von Gemeinschaft
Die organisch-gemeinschaftliche Vernunft strukturiert auch die soziale Realität der Gemeinschaft. Dies wird u.a. deutlich an den Ritualen, Symbolen und Bräuchen, die in einer jeden Gemeinschaft bestehen. Die kollektive Identität wird in diesen Alltagsphänomenen verdinglicht und im kollektiven Gedächtnis der Gemeinschaft verankert, sodass die Mitglieder sie als objektive Macht wahrnehmen, an die sie gebunden sind (Durkheim 1981: 505ff). Mit Mead wurden die genauen Hintergründe für die kollektive Identifizierung der Individuen genannt. In der Wahrnehmung des Individuums selbst ist es das gewachsene Kollektivbewusstsein, das den Grund für die Akzeptanz des Zusammenseins und der gegenseitigen Abhängigkeit in der Gemeinschaft darstellt (Tönnies 2012: 227).

Das Kollektivbewusstsein begründet auch die charakteristische, starke Reziprozität der sozialen Beziehungen zwischen den Mitgliedern einer Gemeinschaft. Reziprozität bedeutet, dass die Verbindungen zwischen den Mitgliedern eng, persönlich und wechselseitig sind, obwohl die örtliche Distanz zwischen den Individuen in einer Gemeinschaft häufig größer ist als in anderen Kollektiven (C./M. Uzarewicz 1997: 73, Tönnies 1991: 7ff). Als besonderes Merkmal verweisen C. und M. Uzarewicz (1997: 73) auf den emotionalen Charakter der engen, sozialen Bindungen, die Gemeinschaften zu dauerhaften und stabilen Gebilden machen.

Die soziale Ordnung in der Gemeinschaft kann sowohl hierarchisch oder egalitär aufgebaut sein (Bätzing 2015: 126f). In jedem Fall werden den Mitgliedern Aufgaben, Rollen und soziale Positionen gemäß ihrer Stärken, Veranlagungen und familiären Hintergründe zugeschrieben (Tönnies 1991: 11f). Dies bedeutet, dass nicht jedes Gemeinschaftsmitglied gleich sein muss, jedoch sind die Gemeinschaftsmitglieder auf Grund der wechselseitigen Abhängigkeit in jedem Fall gleichermaßen akzeptiert (C./M. Uzarewicz 1997: 73f). Darüber hinaus ist das Prinzip der Reziprozität der Grund dafür, dass Arbeitsteilung und Hierarchie nicht zur Ausbeutung eines Mitgliedes führen. Stattdessen sind diese Strukturen auf das gemeinsame Ziel, der Erhalt der Gemeinschaft, ausgelegt. Auch die Führungsrolle, die es, laut Tönnies (1991: 11f), in jeder Gemeinschaft gibt und die mit Autorität ausgestattet ist, wird im Interesse der Gemeinschaft ausgeführt und damit immer auch zum Wohle der Untergebenen.

Dennoch ist anzumerken, dass die Reziprozität der Gemeinschaft für das Individuum gleichsam mit Zwängen und sozialem Druck verbunden ist. Diese können sich, durch den unmittelbar möglichen Zugriff, auch in Form von ungepufferter Gewalt zwischen den Mitgliedern auswirken. Die direkte und nicht versachlichte Form der Beziehungen in engen sozialen Gruppen bietet dem Individuum daher einerseits die Chance auf Sicherheit und Selbstverwirklichung. Andererseits birgt sie die Gefahr der Unfreiheit und das Risiko von Gewalt (C./M. Uzarewicz 1997: 71).

Insgesamt unterscheidet Tönnies drei Formen der Gemeinschaft, die er als stufenhafte Abfolge darstellt:
- die Gemeinschaft des Blutes (Verwandtschaft), deren territoriale Einheit das gemeinsame Haus darstellt,
- die Gemeinschaft des Ortes (Nachbarschaft), dessen territoriale Einheit das ländliche Dorf ist, und
- die Gemeinschaft des Geistes (u.a. Freundschaft und Religionsgemeinschaft). Sie beruht nicht auf einer territorialen Einheit und wird am wahrscheinlichsten in städtischen Gebieten realisiert.

Die Familiengemeinschaft stellt für Tönnies die ursprünglichste Form der Gemeinschaft dar, da sie auf der Verwandtschaft des Blutes und territorialer Einheit beruhe. Beide, Familie und Nachbarschaft, bezeichnet Tönnies auch als Herkunftsgemeinschaften, in die man hineingeboren wird, respektive in die man hineinwachse und von der man aufgenommen werde. Durch die Sozialisation sei man an seine Herkunftsgemeinschaften ewig gebunden. Die dritte Form der Gemeinschaft beruhe im Gegensatz zu den ersten beiden nicht auf einer territorialen, sondern auf der mentalen Verbundenheit der Individuen. Jede Person wählt die Gemeinschaft des Geistes frei, daher stellt sie für Tönnies die höchste Form des gemeinschaftlichen Zusammenlebens dar. Alle drei Formen sind durchlässig, sie können auseinander entstehen oder aber sich in relativer Isoliertheit voneinander entwickeln. Prägend für das Individuum bleibt der Einfluss der Blutsgemeinschaft, diese Prägung trägt ein jeder in andere Gemeinschaften hinein (Tönnies 1991: 12ff).

Gemeinschaft und Gesellschaft
Tönnies analysierte Gemeinschaft als Gegensatz zur Gesellschaft. Obwohl sich seine Schrift als Plädoyer für die Gemeinschaft und Kritik der kapitalistischen Gesellschaft liest, war es nicht die Intention einen Dualismus zu etablieren, auf Grundlage dessen Gemeinschaft als Sehnsuchtsort dargestellt werden kann. Ebenso verneinte Tönnies die grundsätzliche Verurteilung der Gesellschaft (Spitta 2013: 196; 200f). Wenn im Folgenden das Verhältnis von Gemeinschaft und Gesellschaft diskutiert wird, ist die gegenüberstellende Darstellung der Lebensformen dennoch hilfreich, der Hinweis auf den vermeidlichen Dualismus soll jedoch bedacht sein. Über die dualistische Darstellungsweise hinaus muss Tönnies auch auf Grund zahlreicher Naturalisierungen und der Essentialisierung des Sozialen, also die Verabsolutierung spezifischer Wesenszüge der Gemeinschaft, kritisch reflektiert werden. Da diesem Anspruch im begrenzten Rahmen dieser Arbeit nicht gerecht werden kann, empfehlen sich für eine vertiefende Lektüre Spitta 2013: 200ff und C./M. Uzarewicz 1997: 75ff.

Der Bezugspunkt für Tönnies Analyse von Gemeinschaft in Abgrenzung zur Gesellschaft ist die bäuerliche Familie des 18. Jahrhunderts.

In dauernder Beziehung auf Acker und Haus entwickelt sich das gemeinschaftliche Leben. Es ist nur aus sich selber erklärbar, denn sein Keim und also, in irgendwelcher Stärke, seine Wirklichkeit ist die Natur der Dinge (Tönnies 1991: 21).

Im Zentrum der Analyse stehen die „Verbindungen", d.h. die sozialen Beziehungen zwischen den Menschen. Ihre Unterschiedlichkeit begründet die Differenzen in den Formen menschlichen Zusammenlebens. Die Gemeinschaft stellt für Tönnies die natürliche, organische Form des Zusammenlebens dar, die sich auf Grund von Gemeinsamkeiten prozesshaft entwickelt. Sie verkörpert daher das vertraute, heimliche und ausschließliche Zusammenleben, das auf reziproken Beziehungen basiert. Die Gesellschaft steht dagegen für die Öffentlichkeit und die Fremde und kennzeichnet sich durch sogenannte mechanische Bindungen, die einseitig ideell geprägt sind (Tönnies 1991: 3f).

Das Vorkommnis der unterschiedlichen Beziehungsarten ist wiederum abhängig davon, welche der zwei menschlichen Willensformen, **Wesenswille oder Kürwille**, im Menschen ausgeprägt ist. Während Gemeinschaften aus der ursprünglichen Willensform, dem **Wesenswillen**, hervorgehen, sind Gesellschaften ein Resultat des **Kürwillens** (Groß 2006: 10). Das Verständnis dessen, was Tönnies mithilfe dieser menschlichen Willensformen auszudrücken vermag, sei leichter, so erklärt er in einem späteren Werk, wenn sie als Bejahung der jeweiligen sozialen Verhältnisse interpretiert würden (Tönnies 2012: 224f). Demnach beschreibt der Kürwille die Motivation für geplantes, zweckrationales Handeln, das u.a. Staaten und Aktiengesellschaften charakterisiert. Diese würden immer in Hinblick auf einen konkreten Zweck bejaht, der den egoistischen Einzelinteressen der Individuen entspricht. Der Wesenswillen dagegen verkörpert die Grundlage des natürlichen Verhaltens der Menschen, innerhalb dessen Beziehungsgebilde, wie Familien und Freundschaften, als Selbstzweck wahrgenommen, also ihrer selbst willen bejaht würden (Groß 2006: 10).

Den menschlichen Willensformen und den dazugehörigen Formen sozialer Verbundenheit liegen zwei Kategorien von Vernunft zugrunde. Die sogenannte „gesellschaftlich-bewusste Ratio" beschreibt Tönnies als willkürliche und sich ausschließlich nach außen richtende Vernunft. Die zuvor schon erwähnte organisch-gemeinschaftliche Vernunft richtet sich dagegen nach innen. Sie integriert den zunächst suggerierten Gegensatz von Verstand und Gefühl in das Wesen der Gemeinschaft. Damit wird deutlich, dass sich Gefühl und Verstand nicht ausschließen und das Wissen dem Wesen der Gemeinschaft nicht gegenübersteht. In dieser Form des Verstandes liegt, nach Tönnies, das höchste Ziel (Spitta 2013: 203).

Tönnies Beobachtungen zufolge wenden sich die Individuen mit dem Eintritt in die Moderne von der Lebensform der Gemeinschaft ab und dem Leben in Gesellschaftsbezügen zu (Groß 2006: 10). Er deutet die Gesellschaft als kapitalistisches Konkurrenzverhältnis, dessen kriegerischer Naturzustand er der Gegenwart zu- und dem Zeitalter der Gemeinschaft nachordnet (Spitta 2013: 198f). Doch die ursprünglichen Formen von Gemeinschaft wurden in der

Realität nicht vollkommen durch die Individualisierung und die vielfältigen Rationalisierungsprozesse zerstört. In der Gegenwart besteht vielmehr eine Gleichzeitigkeit: Wir leben innerhalb der Gesellschaft in Gemeinschaftsverbünden. Tönnies wird auf Grund seiner polarisierenden Darstellungsweise von Gemeinschaft und Gesellschaft leicht missinterpretiert und dementsprechend häufig kritisiert (Rehberg 1993: 27). Laut Rehberg ging es ihm jedoch nicht um das reale Verschwinden der Gemeinschaften zugunsten der Gesellschaft. Vielmehr zielte Tönnies auf die **Geltungsbedeutung** ab, die beide Lebensformen „für die Lebensordnung und die Legitimation institutioneller Gefüge haben und um die dadurch je verschieden geprägten Erlebnisgehalte der Menschen." (Rehberg 1993: 27)

Max Weber (1864-1920) griff Tönnies auf und machte das Prozesshafte der prognostizierten Entwicklung auch begrifflich deutlich, indem er von „Vergesellschaftung" und „Vergemeinschaftung" spricht.

,Vergemeinschaftung' soll eine soziale Beziehung heißen, wenn und soweit die Einstellung des sozialen Handelns [...] auf subjektiv gefühlter [...] Zusammengehörigkeit der Beteiligen beruht. ,Vergesellschaftung' soll eine soziale Beziehung heißen, wenn und soweit die Einstellung des sozialen Handelns auf rational motiviertem Interessensausgleich oder auf ebenso motivierter Interessensverbindung beruht. (Weber 2005: 29 in Vester 2009: 35)

Auch Weber betont, dass in der Realität stets unterschiedliche Mischungsverhältnisse der Sozialformen bestünden (Vester 2009: 35).

Gemeinschaften in der Gegenwart
Die gegenwärtige Gesellschaft kennzeichnet sich durch die Pluralisierung, Differenzierung und Individualisierung der Lebensstile. Traditionelle Bindungen verlieren an Verbindlichkeit, gleichzeitig eröffnet der Bruch mit vormals fixierten Herrschafts- und Versorgungsstrukturen die Möglichkeit einer selbstbestimmten Lebensgestaltung innerhalb des funktional differenzierten Systems. Die Individuen ordnen sich selbstbestimmt verschiedensten gesellschaftlichen Institutionen zu, die jeweils andere soziale Kleinsysteme darstellen, z.B. Studentsein. Normalbiografien lassen sich in dieser Welt daher kaum noch finden. Die neu gewonnene Wahlfreiheit gewährt jedoch nicht nur Eigenverantwortung, sondern birgt auch Unsicherheit, Unübersichtlichkeit und das Risiko des Scheiterns (Grundmann 2011: 10; Beck 1986: 146f, 150f, 217). Durch den Schein der Selbstbestimmtheit erscheint jedes Leben wie ein individuelles und einzigartiges Projekt, dessen Gelingen von den eigenen Entscheidungen abhängig ist. Wie schon in Unterkapitel „Kollektive Identität als organisch-gemeinschaftliche Vernunft" angedeutet, können durch die Kleinsysteme nur Teilidentitäten des Individuums angesprochen werden. Da diese sich widersprechende Interessen und Zielevorstellungen beinhalten können, herrscht für das Individuum eine latente Gefahr der Identitätsdiffusion (Sennet 2009: 190). Die Orientierung an kollektiven Identitäten, so zeigen empirische Forschungen, bildet ein Modell, welches dem Gefühl der Identitätsdiffusion entgegenwirkt und dem Bedürfnis nach sozialer Bindung und Verlässlichkeit entspricht. In diesem Kontext kön-

nen traditionelle Formen der Vergemeinschaftung erhalten bleiben und neue Formen entstehen.

Im Folgenden werden Beispiele solcher Gemeinschaften erläutert, die Tönnies Nachbarschaftsgemeinschaft ähneln oder entsprechen. Daneben bestehen heute weitere Formen der Gemeinschaft, die in dieser Arbeit jedoch nicht weiter behandelt werden.

Intentionale Gemeinschaften
Der Arbeitskreis Gemeinschafts- und Nachhaltigkeitsforschung der Universität Münster, unter der Leitung von Prof. Dr. Matthias Grundmann, untersucht Gemeinschaften im Kontext moderner, individualisierter Gesellschaften. Im Zentrum der Forschung stehen Gemeinschaftsneubildungen und ihr Potenzial für die sozial-ökologische Transformation der wachstumsbasierten Gesellschaft (Institut für Soziologie Münster, 02.02.2016).

Grundmann geht bei seinen Untersuchungen von der Annahme aus, dass Gemeinschaften dem modernen Individuum die Möglichkeit bieten, innerhalb der individualisierten Gesellschaft verlässliche und identitätsstiftende Nahraumbeziehungen zu etablieren (Grundmann 2006: 19). Aus dem Bedürfnis nach sozialer Bindung etablieren sich neben den naturwüchsigen Familien- und Nachbarschaftsgemeinschaften vermehrt mentale und auch intentionale Gemeinschaften. Beispiele für letztere sind Vereine und soziale Bewegungen sowie Kommunen und Ökodörfer. Intentionale Gemeinschaften kennzeichnen sich durch ihre Zweckbestimmtheit. Gleichzeitig sind sie jedoch zu differenzieren in solche, die nur die private, nur die öffentliche oder aber die gesamte Identität sowie die gesamte alltägliche Lebenspraxis des Individuums ansprechen (Grundmann 2011: 12; 15). Besonders in jüngerer Zeit sind mit den Kommunen und Ökodörfern vermehrt intentionale Gemeinschaften entstanden, die das Individuum als Ganzes umfassen. Darüber hinaus streben sie ein ganzheitliches Ziel, zumeist die nachhaltige Lebensführung, an (Grundmann 2006: 20). Am Beispiel der Klöster, die ebenfalls zu dieser Kategorie der intentionalen Gemeinschaft zählen, wird jedoch deutlich, dass es sich nicht um grundlegend neue Konzepte der Vergemeinschaftung handelt (Grundmann 2011: 32).

Empirische Untersuchungen ergaben, dass das Miteinander in Ökodörfern und Kommunen auf gemeinsamen Werten und Idealen beruht. Im Vergleich zu traditionellen Gemeinschaften charakterisieren sich intentionale Gemeinschaften durch geringere Verbindlichkeiten und höhere Freiräume in der Lebensgestaltung (Berndt 2009: 4f). Auf Grund dieser Voraussetzungen sind sie kompatibler mit den Individualisierungstendenzen der Individuen in der Moderne. Bei genauerer Betrachtung wird deutlich, dass die Individualisierung erst der Grund für ihr Entstehen ist, denn sie bieten dem Individuum Freiraum (Berndt 2009: 12), soziale Bindung und gleichzeitig die Möglichkeit ihre individuellen Interessen kollektiv zu kommunizieren. Gerade durch die Eigenschaft der schwachen Verbindlichkeit weisen die untersuchten intentionalen Gemeinschaften jedoch gleichzeitig eine hohe Mitgliederfluktuation auf. Darüber hinaus werden viele intentionale Gemeinschaften insbesondere in der Anfangszeit ihres Bestehens wieder aufgegeben (Grundmann 2011: 33f). Zusammenfassend zeigen die Forschungen Grundmanns, dass die Neubildungen intentionaler Gemeinschaften Entwicklungspotenziale für eine sozial und ökologisch nachhaltige Gesellschaft bieten. Die Kontinuitätsprobleme dieser Gemeinschaften weisen jedoch auf ungelöste Schwierigkeiten zwischen Individualität und Gemeinschaft hin.

Nordhessische Dorfgemeinschaften
Stefanie Koch widmet sich in ihren Untersuchungen einer traditionellen Form der Gemeinschaft, dem Dorf, im aktuellen Kontext. Viele Dörfer stehen in Zeiten des demografischen Wandels vor der Herausforderung der Überalterung und Entsiedlung, darüber hinaus schlagen sich auch die Auswirkungen von Klimawandel, Finanzkrise und weiterer globaler Problematiken auf das Dorf nieder (Hahne 2014: 11ff). In ihrer Interviewstudie „Nachhaltige Dorfentwicklung" stellt Koch (2012: 113) daher die Frage, wie nachhaltige Entwicklung im Dorf aussehen kann und welche Rolle Identität und Tradition dabei spielen.

Koch konnte am Beispiel dreier nordhessischer Dörfer deutlich machen, dass Tradition ein bedeutendes Identifikationspotenzial für das Dorf und seine Bewohner besitzt (Koch 2012: 108). Die Mehrheit der Befragten gab an, sich mit ihrem Dorf und/oder ihrer Region zu identifizieren. Die dörfliche Identität, so die Ergebnisse, äußere sich in Festen, einer intakten Vereinsstruktur und einer aktiven Dorfgemeinschaft. Insbesondere Feste und Vereinsleben, als Elemente der dörflichen „Aktiv-Kultur", böten auch solchen EinwohnerInnen, die ursprünglich nicht aus dem Dorf stammen, eine Möglichkeit der Integration. Traditionen wie das Dorffest, Architektur, Vereinswettkämpfe, Mundart etc. stellten darüber hinaus eine Möglichkeit dar, sich in Zeiten des kommunalen Kompetenzverfalls als Dorf nach außen abzugrenzen und „ein Stück Individualität zu bewahren." (Koch 2012: 108)

Die Dorfgemeinschaft, in der Form sozialer Interaktionsbeziehungen, bildet die kollektive Identität des Dorfes (Koch 2012: 110). Laut Koch stellen eine aktive Dorfgemeinschaft sowie gelebte örtliche Tradition Identifikationspunkte der Menschen dar und sind Beweggründe für den Verbleib oder die Rückkehr ins Dorf. Die dörflichen Sozialstrukturen haben sich im Zuge der Moderne jedoch verändert. Die Beziehungen zwischen den Dorfmitgliedern sind heute nicht mehr existentieller Art, sodass nicht mehr jedes Dorf ein ausgeprägtes Gemeinwesen aufweist. Dadurch erodiert auch die Möglichkeit der Teilhabe und der Identifikation mit dem Dorf. Besonders in peripheren Gebieten stellen Teilhabe und Identifikationsmerkmale die Grundlage dafür dar, dass das Dorf, als Wohnort, attraktiv erscheint. Das Gemeinwesen müsse daher heutzutage aktiv aufrechterhalten werden. Dazu sei es notwendig, Traditionen aktiv zu leben und die Dorfgemeinschaft zu pflegen (Koch 2012: 109ff).

Traditionelle Völker und Gemeinschaften in Brasilien

Der Begriff „traditionelle Völker und Gemeinschaften" ist eine politische Kategorie und zugleich der Forschungsgegenstand eines noch jungen wissenschaftlichen Diskurses. Dieser wird ausgehend von Brasilien, auch an der Universität Kassel geführt (Didaktik der politischen Bildung, Universität Kassel, 07.03.2016).

Traditionelle Völker und Gemeinschaften sind Gruppen, die sich kulturell unterscheiden und als solche verstehen mit eigenen sozialen Organisationsformen, die Territorien besetzen und natürliche Ressourcen für ihre kulturelle, soziale, religiöse, anzestrale und ökonomische Reproduktion, sowie erschaffenes und durch Traditionen weitergegebenes Wissen, Innovationen und Praktiken nutzen. (Presidência da República (2007) in Gawora 2011: 22)

In der sozialen Realität dieser Gruppen gehört das Individuum einem spezifischen Territorium an und alle Individuen eines Territoriums bilden eine Gemeinschaft. Diese nutzen „ihr" Territorium, um es kollektiv zu bewirtschaften. Das Territorium geht jedoch weit über die Bedeutung eines Stück Landes hinaus, mit dem man seinen Lebensunterhalt erwirtschaftet. Vielmehr sind die Gruppen aufs innigste mit ihren Territorien, ihrer Heimat, verbunden. Der Grund dafür ist, dass sich sowohl ihre ökonomische als auch ihre kulturelle, soziale, religiöse und anzestrale Reproduktion auf das spezifische Land beziehen, dass die Gründerväter und -mütter der jeweiligen Gemeinschaften einst besiedelten (Costa Filho 2015: 3). Die tiefe Verbundenheit mit dem Territorium, die dazugehörigen Sozialbeziehungen sowie weitere tradierte Prinzipien der Reproduktion stellen bedeutende kollektive Identifizierungspunkte für die Gruppenmitglieder dar. Als solche bilden sie gleichzeitig die Grundlage dafür, die Biodiversität in den Territorien zu erhalten, anstatt die natürlichen Ressourcen auszubeuten (Gawora 2015: 6).

Obwohl der brasilianische Staat die Unterscheidbarkeit und die prinzipielle Schutzbedürftigkeit dieser Völker und Gemeinschaften anerkennt, werden die Territorien traditioneller Völker und Gemeinschaften in Brasilien stark bedroht. Dies geschieht primär durch die Aktivitäten von Staat und Wirtschaft, wie dem Bau von Großstaudämmen, dem Agrobusiness sowie dem Tourismus. Im Kampf um den Erhalt und die rechtliche Anerkennung ihrer Territorien erfahren die Gruppen oft eine Stärkung ihrer kollektiven Identität. Die Bedrohungssituation lässt sie an die Geschichte ihrer Vorfahren erinnern und veranlasst sie zu politischer Artikulation und zur Durchsetzung ihrer gemeinsamen Interessen (Gawora 2015: 4f). Die Basis der kollektiven Identifikation bildet die Selbstzuschreibung der Individuen zum jeweiligen Territorium und der spezifischen Gruppe mit all ihren Traditionen sowie die Anerkennung des Individuums durch die Gruppe (Gawora 2015: 6). Gleichzeitig grenzen sich die Gruppen von der Mehrheitsgesellschaft ab, indem sie nicht der ökonomischen Logik folgen und die natürlichen Ressourcen ihrer Territorien ausbeuten, sondern sie auf traditionelle Art und Weise nutzen und erhalten (Gawora 2015: 4).

Insgesamt zeigen die Fallbeispiele, dass in der gegenwärtigen Gesellschaft unterschiedliche Formen der Nachbarschaftsgemeinschaften bestehen und neu entstehen. Alle drei Gemeinschaften erfüllen folgende Funktionen:
- Sie befriedigen das Bedürfnis des Individuums nach sozialer Bindung.
- Sie geben Halt und Orientierung und verhelfen zu einer stabilen Identität.
- Sie stellen strategische Partner für eine sozial und ökologisch verträgliche Entwicklung dar.

Die Grundvoraussetzung für den Erhalt der Gemeinschaften und ihrer Funktionen ist die Pflege der kollektiven Identität, die auf gemeinsamen Werten, Traditionen und gewachsenen Sozialbeziehungen beruht.

Herleitung der Forschungshypothese
Im europäischen Kontext stellt die Bergbauernlandwirtschaft in den Alpen, wie in vorherigen Arbeiten (Holtkamp 2014, Holtkamp 2015) gezeigt wurde, ein Beispiel traditioneller Lebens- und Wirtschaftsweisen dar. Der Erhalt der Bergbauerlandwirtschaft unter den Bedingungen der Moderne entspricht keiner ökonomischen Logik im betriebswirtschaftlichen Sinn, denn dem erhöhten Aufwand der landwirtschaftlichen Produktion im Berggebiet steht kein entsprechender Erlös gegenüber (Holtkamp 2015: 17; 23ff; 30f). Dennoch halten viele Bergbauern und -bäuerinnen bis heute an ihrem traditionellen Bergbauerndasein fest (Bätzing 2015: 155). Mit dem Ziel den Erhalt der Bergbauernlandwirtschaft erfolgreich fördern zu können, stellt sich die Frage, was die Bergbauern und -bäuerinnen am Berg hält.

Die Provinz Südtirol eignet sich besonders zur Untersuchung dieses Forschungsinteresses, da die Betriebsaufgaberaten der letzten Jahrzehnte zu den moderatesten aller Alpenregionen zählen. In der Geschichte Südtirols zeigte sich immer wieder, dass die Bergbauern und -bäuerinnen ihre Traditionen immer wieder gegen äußere Bedrohungen verteidigten. Ein besonders eindrucksvolles Beispiel stellt die Zeit des italienischen Faschismus (1923-1945) dar, während derer die ländliche Bevölkerung Südtirols den weitreichenden Verboten zur Auslebung ihrer Kultur und Tradition trotzte. Im Gegensatz zu den Absichten Mussolinis wurde das kulturelle Selbstverständnis der Landbevölkerung durch die generelle Diskriminierung der deutschsprachigen Minderheit noch gestärkt. Mit dem Ziel der Abgrenzung überbetonte sie ethnische Grenzen, und traditionelle Schützen-, Folklore oder Heimatvereine florierten (Verband für landwirtschaftliche Fachbildung in Bayern e.V. 2012: 1). Die Bergbauern und -bäuerinnen waren es auch, die seit dem Ende des Ersten Weltkriegs und insbesondere in der Zeit nach dem Zweiten Weltkrieg (1945-1992) die Autonomiebestrebungen Südtirols maßgeblich anführten. Mit der Autonomie verfolgten sie das Ziel, ihr eigenes Dasein von der italienischen Mehrheit zu schützen. Die Höfegemeinschaften dienten dabei nicht nur als soziokulturelle, ökonomische und ökologische Lebensgrundlage, sondern auch als Keimzelle des politischen Widerstandes (Holtkamp 2015: 7f; 22).

Auf Grund der politischen und ethnischen Konflikte wurden die Selbstversorgerstrukturen auf den Südtiroler Höfen noch bis in die 80er Jahre hinein aufrechterhalten, so lange wie in keiner anderen Alpenregion. Bis heute sind die traditionellen Agrarstrukturen in Südtirol daher alpenweit am besten erhalten (Bätzing 2015: 159). Dies gilt wiederum als Ursache für die geringen Raten der Hofstilllegungen. Dennoch ist auch in Südtirol seit den 90er Jahren ein exponentieller Anstieg der Betriebsstilllegungen zu verzeichnen (Holtkamp 2015: 12). Groier (2004: 11) führt diese Entwicklung auf den Verlust der traditionellen Werte zurück, der mit der Aufgabe der Subsistenzwirtschaft einhergeht. Schwärz zeigt, dass ökonomische Interessen stattdessen in den Vordergrund treten. Sobald ein Hof vermehrt als Wirtschaftsbetrieb und weniger als sozialer und kultureller Lebensmittelpunkt der Familie wahrgenommen wird, falle dessen Stilllegung leichter. Insgesamt, so fasst Burger-Scheidlin (2002: 133) zusammen, verschiebe sich die Identitätskonstruktion von der Berufung zum Bergbauern zum Beruf des Landwirts. Dieser Wertewandel vollzieht sich nicht nur auf individueller Ebene, denn zum einen weicht die soziale Kontrollfunktion der bergbäuerlichen Nachbarschaftsgemeinschaft hinsichtlich der Einhaltung der traditionellen Werte auf. Hofaufgaben werden daher zunehmend gebilligt (Groier 2004: 13; Schwärz 2009: 277). Zum anderen lassen fehlende dezentrale Nebenerwerbsmöglichkeiten, Ausbildungsplätze und kulturelle Angebote auf einen generellen Funktionsverlust der Gemeinden schließen (Holtkamp 2015: 22).

In Anlehnung an die Erfahrungen aus den empirischen Forschungsbeispielen scheinen kollektive Identität, Tradition und Gemeinschaft die Schlüsselbegriffe für den Erhalt der Bergbauernlandwirtschaft zu sein. Negativ gedacht, könnte eine Erosion der vormals starken kollektiven Identität, Tradition und Gemeinschaft der Südtiroler Bergbauern und -bäuerinnen der Grund für die seit den 90er Jahren steigenden Hofstilllegungsraten darstellen. Indizien, die diese Annahme bekräftigen, finden sich auch bei Streifenders (2009: II; 166) komparativen Studien des alpinen Agrarstrukturwandels. Laut dieser ist die Hofnachfolgesituation eine der Variablen, die am stärksten mit der Hofstilllegungsrate korreliert, noch vor den Förderhöhen oder der Verfügbarkeit von Nebenerwerbsstellen. Die Hofnachfolgesituation ist stark gekoppelt an das traditionelle Prinzip der kontinuierlichen Hofnachfolge, dass in der kollektiven Identität der Bergbauern und -bäuerinnen verankert ist. Im Zusammenhang mit den theoretischen und empirischen Forschungsgrundlagen führt diese Erkenntnis (vgl. Kap. „Kollektive Identität und Gemeinschaft nach G. H. Mead und F. Tönnies"; „Gemeinschaften in der Gegenwart") zu folgender These:

Die Bergbauernhöfe eines Bergweilers bilden eine Gemeinschaft mit einer spezifischen kollektiven Identität. Durch den Prozess der Vergesellschaftung erodiert die Gemeinschaft zunehmend. Dies hat Auswirkungen auf die Attraktivität des Bergbauerndaseins.

Die Prüfung dieser Hypothese erfordert die Bearbeitung folgender Arbeitsfragen:

1. **Bilden die Bergbauern und -bäuerinnen eines Weilers (noch) eine kollektive Identität?**
2. **Stellt der Bergweiler für die Bergbauern und -bäuerinnen (noch) eine relevante Form der Gemeinschaft im Sinne Tönnies Gemeinschaft des Ortes dar?**
3. **Welche Geltungsbedeutung hat die Gesellschaft für die Mitglieder der Gemeinschaft?**

Methodik

Empirische Forschung basiert auf zwei Herangehensweisen, die jeweils unterschiedliche Methoden, Forschungsansätze und theoretische Hintergründe umfassen (Flick 2009: 21). Die quantitative Forschung konzentriert sich in erster Linie darauf, sozialwissenschaftliche Theorien zu überprüfen – Überprüfungslogik. Qualitative Methoden sind daran orientiert den Forschenden die Möglichkeit zu eröffnen, sich in fremde Forschungsfelder zu begeben und Unbekanntes zu entdecken – Entdeckungslogik (Kelle/Erzberger 2008: 301). Über das „Entdecken" unbekannter Sachverhalte hinaus, ermöglicht die qualitative, genauer, die interpretative Sozialforschung, den subjektiv gemeinten Sinn eines Textes nachzuvollziehen und latenten Sinn zu rekonstruieren (Rosenthal 2005: 19). Letztere ist für das vorliegende Forschungsvorhaben angebracht, da im Vorfeld der Feldforschung kaum Zugang zu den Forschungskategorien „kollektive Identität" und „Gemeinschaft" der Bergbauern und -bäuerinnen bestand. Zudem handelt es sich bei den Kategorien um latente Dimensionen, die den beforschten Individuen großteilig nicht bewusst vorliegen und daher erst sichtbar gemacht werden müssen. Mit dem Ziel Unsichtbares sichtbar zu machen, wurden für diese Studie interpretative Forschungsmethoden herangezogen.

Untersuchungsdesign
Die Datengrundlage wurde durch die Forscherin im Rahmen eines 6-wöchigen Arbeitseinsatzes auf einem Bergbauernhof in Vellau, Südtirol (vgl. Abbildung 2), erhoben. Während des ersten Monats des Arbeitseinsatzes wurde eine teilnehmende Beobachtung durchgeführt. Diese ermöglichte es der Forscherin, sich reflektiert in das Forschungsfeld einzuarbeiten. Auf Grundlage der Erfahrungen aus der teilnehmenden Beobachtung wurde nach 31 Tagen ein Fragebogen ausgearbeitet, der als Leitfaden für elf halbstrukturierte Interviews diente, die in Woche fünf und sechs des Aufenthalts mit Bergbauern und -bäuerinnen aus Vellau und dem Nachbartal Tabland geführt wurden. Die Leitfadeninterviews ermöglichten es, Denk- und Handlungsstrukturen verschiedener Bergbauern und -bäuerinnen in relativ kurzer Zeit abzufragen (Rosenthal 2005: 125). Ergänzend zu den Interviews konnte durch die teilnehmende Beobachtung ein Einblick in den Alltag eines Berghofes gewonnen werden (Rosenthal 2005: 101; 125), der in seiner Tiefe über die reinen Aussagen der TeilnehmerInnen hinausgeht. Die Daten ermöglichen daher auch, Abweichungen zwischen den Aussagen der Akteure und den Beobachtungen aufzudecken. Im Sinne der qualitativen Sozialforschung wurde die Datenerhebung zwar mit einem Forschungsinteresse an den Gründen für den Erhalt der kleinbäuerlichen Berglandwirtschaft, aber noch ohne konkrete Hypothese durchgeführt. Der Anspruch der Erhebung bestand darin, das Feld möglichst umfassend und unbeeinflusst von theoretischen Vorkenntnissen zu erfassen. In dieser Absicht wurde erst nach Abschluss der Feldforschung mit der Sichtung der theoretischen und

empirischen Literatur begonnen, die zur Formulierung der Forschungshypothese in Kapitel „Herleitung der Forschungshypothese" und zur Aufstellung des Kodierleitfadens führten. Die Datenauswertung wurde anschließend in Orientierung an dem Leitfaden der qualitativen Inhaltsanalyse nach Mayring (2010) durchgeführt (vgl. Kapitel „Auswertungsmethode").

Sample
Um den Umfang des Materials auf den für die Arbeit angebrachten Rahmen zu begrenzen, wurde die Anzahl der Interviews im Vorfeld auf zehn bis fünfzehn festgelegt. Das Ziel, auf allen Höfen eines Bergweilers Interviews zu führen, stellte sich in der Praxis als nicht realisierbar heraus. Stattdessen wurden in zwei benachbarten Bergweilern auf jeweils fünf Höfen insgesamt elf Interviews geführt. Diese Datenbasis bietet die Möglichkeit, Vergleiche zwischen den Bergweilern ziehen zu können, sie hat jedoch den Nachteil, ein weniger vollständiges Bild des einzelnen Weilers abzubilden.

An der Befragung nahmen sieben Männer und sechs Frauen teil. Auf einem Hof wurden Bauer und Bäuerin getrennt voneinander interviewt. Bei einem anderen Interview waren Mann und Frau gleichzeitig anwesend und im Falle eines weiteren Interviews rief die Bergbäuerin ihren Sohn, den zukünftigen Hofnachfolger, zum Interview hinzu. Zum Zeitpunkt der Erhebung lag das Alter der InterviewpartnerInnen zwischen 25 und 65 Jahren. In Vellau waren die Bergbauern und -bäuerinnen auf vier von fünf Höfen unter 40 Jahre alt und hatten den Hof erst vor einigen Jahren übernommen bzw. befand sich eine Familie in der Übergabephase. Hier wurde das Interview mit dem Jungbauern geführt. Im Tabland dagegen befanden sich die Bergbauern und -bäuerinnen auf vier von fünf Höfen in einem späteren Lebensabschnitt, über 40 Jahre, sodass sich einige dieser Familien konkret und aktuell mit dem Gedanken der Hofnachfolge beschäftigten.

Bei allen Höfen, auf denen Interviews geführt wurden, handelte es sich um „geschlossene Höfe". Dies ist die Bezeichnung der Höfe, die per Gesetz nur als Ganzes an einen Erben weitergegeben werden dürfen. Dieses traditionelle Erbrecht der germanischen Berglandwirtschaft dient dazu, die landwirtschaftlichen Liegenschaften eines Hofes als überlebensfähige Wohn- und Wirtschaftseinheit zu erhalten und so den Fortbestand des Hofes zu sichern (Autonome Provinz Bozen 2008, 19. Sept.: Landgesetz Nr. 7, Art 1,2,3,6). Einer der zehn interviewten Höfe wich von dieser Regel ab. Obwohl es sich ebenfalls um einen geschlossenen Hof handelt, wurde er bei der Übernahme im Jahr 2011 in Gasthaus und Hof geteilt (Herr A). Die genaue Bedeutung und aktuelle Entwicklung der geschlossenen Höfe in den Untersuchungsorten wird in Unterkapitel „Hof" eingehend erläutert.

Gegliedert nach Betriebsart wurden sechs Vollerwerbsbetriebe interviewt, vier in Vellau und zwei im Tabland, sowie vier Nebenerwerbsbetriebe, davon einer in Vellau und drei im Tabland. Die Klassifizierung „Vollerwerb" bezeichnet Betriebe, in denen „weder der Bewirtschafter oder die Bewirtschafterin noch die Ehegatten oder -gattin eine außerbetriebliche Tätigkeit [verrichten] und die Familienmitglieder [...] im Betrieb mehr als 141 Arbeitstage im Jahr [leisten] (Landesinstitut für Statistik der autonomen Provinz Bozen – Südtirol (ASTAT) 2000: 18)". In der Realität bezogen auch die Vollerwerbsbetriebe Einkünfte aus einem Lohnerwerb, z.b. durch die unverheiratete PartnerIn, die Kinder oder eine geringfügige Beschäftigung.

Einen Überblick über die soziodemographischen Daten der InterviewpartnerInnen gibt Tabelle 1. Von einer detaillierteren Spezifizierung der soziodemographischen Daten wird abgesehen, da dies, auf Grund der geringen Einwohnerzahl in den Bergweilern, den Schutz der Anonymität gefährden könnte.

Hof	Anzahl der Interviews	Anzahl der Interviewten	Geschlecht	Alter	Betriebsart
A	1	1	m	< 40	Vollerwerb
B	2	2	w, m	> 40, > 40	Vollerwerb + Urlaub auf dem Bauernhof
C	1	1	m	> 40	Nebenerwerb + Arbeitseinkommen
D	1	1	w	< 40	Nebenerwerb + Arbeitseinkommen
E	1	1	w	> 40	Vollerwerb
F	1	2	w, m	> 40, < 40	Vollerwerb
G	1	1	w	> 40	Nebenerwerb + Gasthaus
H	1	2	m, w	< 40, < 40	Nebenerwerb + Arbeitseinkommen
I	1	1	m	< 40	Vollerwerb + Urlaub auf dem Bauernhof
J	1	1	m	< 40	Vollerwerb + Arbeitseinkommen

Tabelle 1: Soziodemografische Daten und Typisierung der Betriebe (vgl. Südtiroler Bauernbund, 22.03.2016)

Untersuchungsgebiete

Bei den Untersuchungsgebieten handelt es sich um die Fraktionen Vellau und Tabland (s. Abb. 1). Dies sind Ortsteile der benachbarten Gemeinden Algund respektive Partschins. Während Partschins westlich an Vellau und Algund angrenzt, liegt östlich das Dorf Tirol. Dies bildete einst das Zentrum der historischen Grafschaft Südtirol und ist heute ein beliebtes Touristengebiet. Südöstlich der Gemeinde Algund liegt die Stadt Meran, die mit knapp 40000 Einwohnern (Stand 31.12.2012) nach Bozen die zweitgrößte Stadt des Landes ist (Stadtgemeinde Meran, 22.03.2016). Zusammen mit 24 weiteren Gemeinden bilden Algund und Partschins die Bezirksgemeinschaft Burggrafenamt (Autonome Provinz Bozen, Abteilung Örtliche Körperschaften, 08.03.2016).

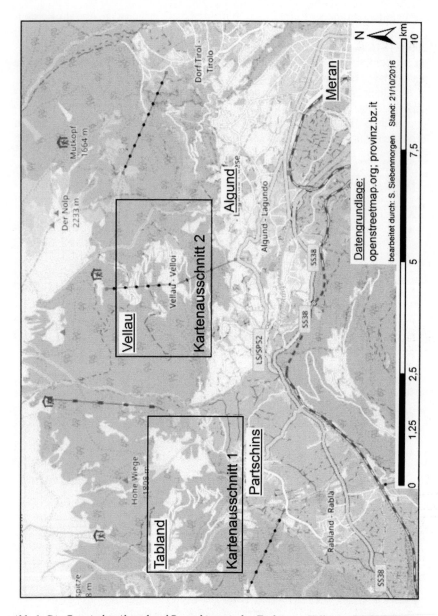

Abb. 1: Die Gemeinden Algund und Partschins mit den Fraktionen Vellau und Tabland.

Die Gemeinde Algund liegt im Norden des Meraner Talkessels und zählt 5002 Einwohner (Stand 31.12.2014), die sich auf sieben Fraktionen verteilen (Gemeinde Algund, 09.03.2016). Der Ortsteil Mühlbach, linksseitig des Etschufers gelegen, entwickelte sich auf Grund seiner Lage in der Talsohle (320-350 m ü. NN) zum Gemeindezentrum Algunds. Hier befinden sich die Verwaltungsgebäude, die Pfarrkirche, das Kultur- und Vereinshaus Peter-Thalguter, die Polizeistation, das Tourismusbüro sowie die meisten Freizeiteinrichtungen und Geschäfte (Tourismusverein Algund, 09.03.2016). Der Ortsteil Vellau liegt auf dem Vellauer Berg, der sich auf einer Höhe von 900 - 1500 m ü. NN nördlich des Gemeindezentrums erhebt. Er wurde schon früh touristisch erschlossen und ist bis heute ein beliebter Ausgangsort für Wanderungen auf dem stark frequentierten Meraner Höhenweg. Touristenmagnet ist u.a. ein historischer Korblift, der vom Gasthof Gasteiger (990 m ü. NN) zur Leiteralm (1550 m ü. NN) führt (Burggrafenamt, 09.03.2016). Insgesamt zählt Vellau 135 Einwohner (Stand 31.12.2016) (Fellet, 11.04.2016), jedoch untergliedert sich der Ort nochmals in das Zentrum Vellau, das auf etwa 900 m ü. NN liegt und das kleinere Obervellau, das auch einfach „obere Höfe" genannt wird. Die Höfe Obervellaus liegen auf einer Höhe um 1200 m. ü. NN, erst im Jahre 1997 wurde die Straße asphaltiert, die sie mit dem Ortskern verbindet (Kiem 2005: 703). Insgesamt sind in Vellau neun Betriebe verzeichnet, die Viehwirtschaft betreiben (vgl. Abbildung 2). Weitere Höfe werden für den Obstbau, als Gast- und/oder Wohngebäude genutzt.

Im Zieltal, dem Nachbartal des Vellauer Berges, etwa 4,5 km westlich von Vellau gelegen, befindet sich die Fraktion Tabland mit etwa 52 Einwohnern (Stand 31.12.2015) (Andreas, 04.04.2016) und einer Höhenausdehnung von 950-1500 m ü. NN. Die Fraktion bildet zusammen mit sechs weiteren Fraktionen die Gemeinde Partschins, die insgesamt 3561 Einwohner zählt (Stand 31.12.2014) (Gemeinde Partschins, 09.03.2016). Der Hauptort Partschins liegt auf einem Schuttkegel[1] unterhalb des Tablands und linksseitig der Etsch auf einer Höhe von etwa 642 m ü. NN. Das Tabland ist touristisch weniger erschlossen als Vellau, jedoch nicht vollkommen unbeeinflusst davon. Es bietet Wandertouristen aus den umliegenden Orten mit der Schutzhütte Nasereith (1550 m) eine Eingangspforte für Wanderungen in das Texelgebirge. Daneben ist auch der höchste Wasserfall Südtirols, der am Fuße des Tablandes liegt, ein beliebtes Ausflugsziel. Im Tabland befinden sich elf Höfe, die Viehwirtschaft betreiben, sowie einige Hofstellen, die nur noch als Wohn- oder Gasthaus genutzt werden (Forcher, 15.01.2016) (vgl. Abbildung 3).

---

[1] Schuttkegel sind kegelförmige Ablagerungen von Sediment und Geröll, die durch Bergrutsche unter Steilwänden entstehen (Spektrum: Schuttkegeln, 27.01.2016). Schwemmkegel oder auch -fächer bilden sich entlang von Flüssen, die mit einer hohen Fließgeschwindigkeit aus dem Gebirge in eine Ebene austreten (Spektrum: Schwemmkegel, 27.01.2016). Viele Siedlungen in den Alpentälern entstanden auf solchen Sedimentablagerungen der Nebenflüsse, da die erhöhte Lage vor den Hochwässern der Hauptflüsse schützte (Bätzing 1984: 20).

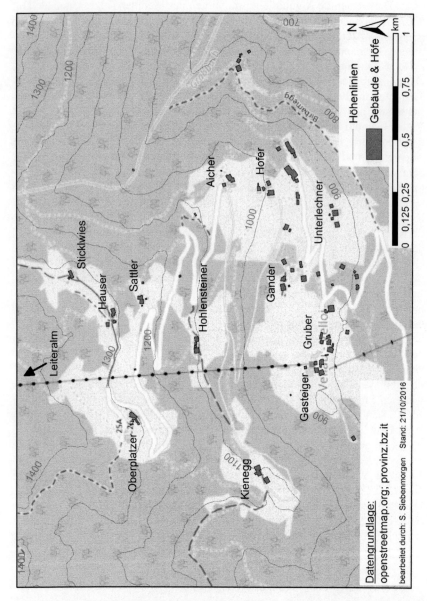

Abb. 2: Vellauer Berghöfe mit der Leiteralm, Sticklwies und dem Sattlerhof. Sticklwies gehört zum Hauserhof, die Nutzfläche des Sattlerhofes wird vom Hauserhof gepachtet.

Methodik 33

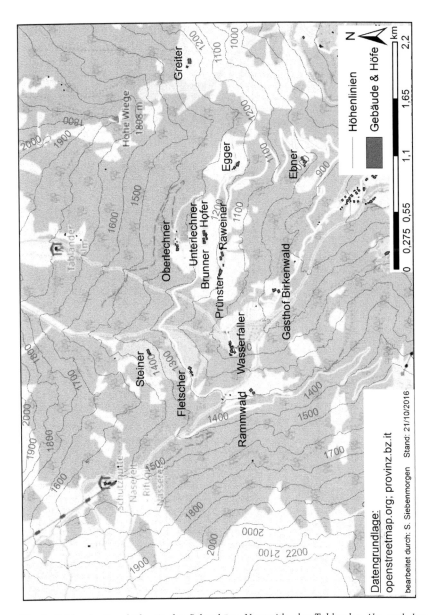

Abb. 3: Tablander Berghöfe mit der Schutzhütte Nasereith, der Tablander Alm und dem Gasthaus Birkenwald.

Untersuchungsdurchführung
Im Rahmen der teilnehmenden Beobachtung wurde für die Dauer von 31 Tagen ein Forschertagebuch mit Tagesprotokollen geführt. Für die Protokolle wurde ein festes Schema eingehalten, das sich an Flicks (2009: 290) Dimensionen anlehnt, mithilfe derer eine soziale Situation erfasst werden kann. Folgende Aspekte wurden protokolliert:
1. Verfassung der Autorin
2. Raum
3. Akteure
4. (Aktionen)
5. (Gegenstand)
6. (Ereignis)
7. (Ziele)
8. Gefühle
9. Aussagen
10. Beobachtungen

Die tägliche Protokollierung anhand des Schemas ermöglichte eine möglichst zeitnahe, vollständige und strukturierte Dokumentation der Beobachtungen.

Entsprechend der Empfehlungen Flicks (2009: 288) wurden zunächst alle Beobachtungen ohne Fokussierung auf das Thema der Arbeit protokolliert, um einen umfassenden Einblick in das Forschungsfeld zu erhalten. Mit der Zeit kristallisierten sich die wichtigsten Aspekte zur Erfassung der sozialen Situation auf dem Hof hinaus, sodass die Aspekte Gegenstand, Aktion, Ereignis und Ziele weggelassen werden konnten. Der Aspekt Beobachtung wurde hingegen erst ab Tag 16 als einzelner Punkt erfasst. Während des Beobachtungsprozesses bildeten sich darüber hinaus die für das Forschungsvorhaben relevant erscheinenden Fokuspunkte heraus. Nach 22 Tagen der weiten Beobachtungsphase fokussierte die Forscherin ihre Aufzeichnungen daher auf die folgenden Fragen:
- Situation der Bergbauern und -bäuerinnen
- Werte/bäuerliche Traditionen
- politische Einstellung der Bergbauern und -bäuerinnen
- Mensch-Natur Beziehung auf den Höfen
- Eigen- und Fremdwahrnehmung der Bergbauern und -bäuerinnen
- Bezug zum Territorium
- Verbundenheit mit dem Beruf
- Bedeutung des Ökonomischen im Vergleich zu Werten und Ideologie

Mit Hilfe der Erfahrungen aus der teilnehmenden Beobachtung konnte der Fragebogen für die sich anschließende Interviewstudie erstellt werden. Darüber hinaus erleichterte der Arbeitseinsatz den Zugang zu den InterviewpartnerInnen, indem sich die Forscherin bei der Bitte um ein Interview als freiwillige Helferin des Hauserhofes vorstellen konnte. Dies erzeugte einen Vertrauensvorschuss und eine gewisse Anerkennung bei den InterviewpartnerInnen. In Vellau war den Bergbauernfamilien die Anwesenheit der Forscherin auf dem Hauserhof darüber hinaus schon bekannt, da der Bergbauer auf einem Treffen davon berichtet hatte.

Zehn von elf Interviews fanden auf den Höfen der Bergbauernfamilien statt, ein Interview wurde spontan auf dem Parkplatz der Naseraith Schutzhütte im Tabland gehalten. Die Interviewdauer variierte in ihrer Länge zwischen zehn Minuten und 1,5 Stunden, je nachdem wieviel Zeit die Bergbauern und

-bäuerinnen aufbringen konnten und wollten. In einem Fall wurde das Interview abgebrochen, da der Bergbauer es als unsinnig empfand. Da es aussagekräftige Informationen enthält, wurde es dennoch mit aufgenommen. Je nach Entstehungssituation und Wunsch der InterviewpartnerInnen wurden die Interviews schriftlich oder digital aufgezeichnet.

Die Interviews wurden auf der Grundlage eines Leitfadens mit 19 offenen Fragen geführt. Jedes Interview wurde mit der Bitte „Ich würde gern mehr erfahren über Ihre Beweggründe den Beruf des Bergbauern/der Bergbäuerin weiterzuführen." begonnen. Entsprechend der Annahme, dass die Äußerungen der InterviewpartnerInnen zu latenten Dimensionen nicht vollständig sein können, wurde bewusst nicht direkt nach ihrer kollektiven Identität und dem Gemeinwesen vor Ort gefragt. Stattdessen wurde eine indirekte Vorgehensweise bevorzugt. Die Gründe für die Weiterführung der Berghöfe wurden in drei thematischen Blöcken erfragt und im Anschluss mittels der qualitativen Inhaltsanalyse hinsichtlich der zu untersuchenden Aspekte analysiert (vgl. Kapitel „Auswertungsmethode"). Die Themenblöcke gliedern sich in die Bereiche „Identität/Werte", „aktuelle Bedingungen in der Berglandwirtschaft" und „Zukunft" auf. Diese Bereiche stehen stellvertretend für die Bedeutung der Vergangenheit, Gegenwart und Zukunft in der Berglandwirtschaft. Da es das Ziel war, die Hauptargumente der Bergbauern und -bäuerinnen in Bezug auf die Einleitungsfrage zu erfassen, wurde darauf verzichtet in jedem Interview alle 19 Fragen des Leitfadens zu stellen. Vielmehr bestimmten die Befragten selber, worüber sie schwerpunktmäßig sprechen wollten. Eine direkte Vergleichbarkeit zwischen den Interviews ist daher nicht gewährleistet.

Abgesehen von kurzen Momenten anfänglicher Skepsis antwortete die Mehrheit der Befragten bereitwillig und ausführlich auf die Interviewfragen. Darüber hinaus ergänzten einige Befragte die Interviewinhalte um Ihnen wichtig erscheinende Aspekte. Thematisch wurden sowohl die angenehmen als auch die unangenehmen Seiten des Bergbauernlebens erläutert und auch persönliche Aspekte wie Familienprobleme oder die Hofnachfolgesituation wurden nicht verschwiegen. Bei einem Interview entstand der Eindruck, dass die Befragte froh darüber war, ihre Sorgen einer unbeteiligten Person mitteilen zu können. Dagegen brach ein anderer Befragter das Interview nach kurzer Zeit ab, da er es als sinnlos empfand. Bei zwei weiteren Interviews wurde der Eindruck erweckt, die Lust der Befragten zum Interview sei gering, dennoch gaben sie bereitwillig Auskunft.

Auswertungsmethode
Die Auswertung des erhobenen Datenmaterials erfolgte in Anlehnung an Mayrings (2010) Leitfaden der qualitativen Inhaltsanalyse. Dieser basiert auf der Einhaltung eines mehrschrittigen Analyseverfahrens, dass vorab festgelegt wurde. Jedem Abschnitt der Analyse müssen theoretisch begründbare Regeln zugrunde liegen, anhand derer die Analyseabschnitte eineindeutig nachvollzogen werden können. Die Regeln sind darüber hinaus am konkreten Gegenstand

des Textes angepasst und daher nicht als starres Konstrukt zu verstehen. Den Kern der Analyse bildet ein Kategoriensystem, mit Hilfe dessen das Material zergliedert und in Hinblick auf die Ausgangsfragen (vgl. Kap. „Herleitung der Forschungshypothese") interpretiert werden kann (Mayring 2010: 60).

Im vorliegenden Forschungsvorhaben wurde das Kategoriensystem deduktiv erstellt. Dies bedeutet, dass die theoretischen und empirischen Forschungsgrundlagen (vgl. Kap. „Kollektive Identität und Gemeinschaft nach G. H. Mead und F. Tönnies"; „Gemeinschaften in der Gegenwart") die Grundlage für die Entwicklung des Kategoriensystems bildeten. Das Kategoriensystem gliedert sich entsprechend der drei Arbeitsfragen in folgende Hauptkategorien:

1. Kollektive Identität: Kollektivbewusstsein
   Zugehörigkeit
   Abgrenzung
2. Gemeinschaft: Strukturelle Kennzeichen der Gemeinschaft
3. Gesellschaft: Geltungsbedeutung der Gemeinschaft
   Geltungsbedeutung der Gesellschaft
   Einfluss gemeinschaftlicher Institutionen
   Einfluss gesellschaftlicher Institutionen

Jede Hauptkategorie beinhaltet darüber hinaus mehrere Unterkategorien. Da die Arbeitsfragen auf inhaltliche Aspekte abzielen, die Skalierungsdimensionen beinhalten (Stabilität vs. Erosion der kollektiven Identität und Gemeinschaft; positiver und negativer Einfluss), wurden auch die Unterkategorien in die Ausprägungen, stabil - instabil bzw. positiv - negativ, differenziert (Mayring 2010: 66; 98; 101ff). Das gesamte Kategoriensystem wurde in einem Kodierleitfaden dokumentiert. Darin wurde jede Unterkategorie mit einem Kode bezeichnet und mit einem Ankerbeispiel belegt. Wenn Zuordnungsprobleme auftraten wurde darüber hinaus eine Abgrenzungsregel hinzugefügt (Mayring 2010: 48ff).

Im nächsten Arbeitsschritt wurde das Datenmaterial mit Hilfe des Kodierleitfadens nach relevanten Fundstellen durchsucht, die sodann mit den passenden Kodes versehen wurden. Konnten Textstellen dem theoriebasierten Ausgangssystem nicht zugeordnet werden, wurden neue Kategorien und Kodes hinzugefügt. Anschließend wurde das kodierte Datenmaterial paraphrasiert und nach Kategorien geordnet. Schließlich konnten auf Grundlage der paraphrasierten und zergliederten Dateneinheiten Rückschlüsse hinsichtlich der Arbeitsfragen gezogen werden.

Systematik, Theorie- und Regelgeleitetheit der qualitativen Inhaltsanalyse sichern eine hohe Güte der Ergebnisse, da die Validität und Reliabilität der Ergebnisse gewährleistet sind (Mayring 2010: 116). Aufgrund der Stichprobengröße (N=11) können die Ergebnisse lediglich als Tendenzen interpretiert werden. Ein Umstand, der in der abschließenden Diskussion berücksichtig werden muss.

Darstellung der Ergebnisse und Interpretation

Die Ergebnisse der Forschungsdaten, die den Haupt- und Unterkategorie zugeordnet wurden, werden in paraphrasierter Form zusammenfassend dargestellt. Dabei wird darauf geachtet, die Bandbreite der Antworten abzubilden. Häufigkeiten werden nur an den Stellen angegeben, wo es relevant erscheint. Die Darstellung der Ergebnisse erfolgt je nach Umfang der Ergebnisse pro Haupt- und Unterkategorien in jeweils eigenen Kapiteln des Forschungsberichts. Die Untersuchungsergebnisse werden am Anfang eines jeden Kapitels weitestgehend deskriptiv dargestellt und erst im zweiten Schritt werden mit Hilfe weiterführender Literatur und dem Rückbezug auf die Theorie aus Kapitel „Forschungsgrundlagen und Hypothesenherleitung" Schlussfolgerungen gezogen. Die alternierende Form von Ergebnisdarstellung und Interpretation bietet zwei Vorteile. Einerseits erleichtert sie den LeserInnen den Nachvollzug der Schlussfolgerungen im Interpretationsteil. Andererseits gewährleistet die klare Trennung den Anspruch der wissenschaftlichen Transparenz. Im Schlussteil der Arbeit werden die drei Arbeitsfragen zusammenhängend im Hinblick auf die Ausgangsthese diskutiert.

Leichte Abweichungen vom Darstellungsschema weisen Kapitel „Zugehörigkeit" und „Geltungsbedeutung der Gesellschaft für die Gemeinschaftsmitglieder" auf. Das Kapitel zur Hauptkategorie „Zugehörigkeit" ist in die Unterkapitel „Gut Leben", „Freiheit", „Hof" und „Heimat" untergliedert. Bei diesen Punkten handelt es sich nicht um Unterkategorien des Kodierleitfadens, sondern sie ergaben sich generisch aus dem Datenmaterial. In Kapitel „Geltungsbedeutung der Gesellschaft für die Gemeinschaftsmitglieder" wurden die zugeordneten Hauptkategorien nicht nacheinander sondern zusammen und in vergleichender Form ausgewertet.

Kollektive Identität der Bergbauern und –bäuerinnen

Kollektive Identität bildet den Kern jeder Gemeinschaft und zugleich einen wichtigen, konstitutiven und erhaltenden Bestandteil jeder persönlichen Identität (vgl. Unterkap. „Kollektive Identität als organisch-gemeinschaftliche Vernunft"). Auch die Bergbauern und -bäuerinnen ordnen sich daher kollektiven Identitäten zu. Vor dem Hintergrund steigender Hofstilllegungsraten stellt sich die Frage, inwiefern eine spezifische, bergbäuerliche kollektive Identität (noch) existiert und die tradierten Werte dieser Identität Handlungsrelevanz für die Bergbauern und -bäuerinnen besitzen. In Orientierung an die theoretischen Erkenntnisse aus Unterkapitel „Kollektive Identität als organisch-gemeinschaftliche Vernunft" wird zunächst untersucht, ob ein grundlegendes Kollektivbewusstsein der Bergbauern und -bäuerinnen vorliegt und welche kollektiven Werte dieses Bewusstsein speisen. Anschließend liegt der Fokus der Analyse auf der kollektiven Identifizierung des Individuums. Dazu wird zum einen untersucht, inwiefern sich die Befragten den dargestellten Werten zugehörig fühlen und ihr Handeln daran ausrichten. Zum anderen wird untersucht, wodurch sie sich von anderen Individuen und Gruppen abgrenzen.

Kollektives Bewusstsein und gemeinsamer Werterahmen
Das Vorhandensein eines kollektiven Bewusstseins wurde daran festgemacht, ob die Befragten zur Bezeichnung der Bergbauern und -bäuerinnen ihres Bergweilers das Pronomen „wir" benutzten. Sowohl im Tabland als auch in Vellau konnte die Verwendung von „wir" und „uns" festgestellt werden. Exemplarisch für das Tabland steht die Aussage der Bäuerin G. Sie antwortet auf die Frage, warum die Bergbauernfamilien noch am Berg bleiben: *„Das ist eigentlich schon so, dass wir bleiben, um weiterzumachen (Frau G)"* und bezieht sich dabei auf die Bauern und Bäuerinnen im Tal. Auch in Vellau wird das „Wir" formuliert, beispielhaft in den Klagen der Bauern B und J: *„Hier bei der Stadt sind wir auf dem Berg zu klein. In den Tälern ist es traditioneller."* (Herr B) *„...in Algund, da kannst du uns ja an einer Hand abzählen. Da ist es ja, in den letzten Jahren haben sie ein bisschen aufgeholt, sonst hat das hier kein Schwein interessiert, wer wir da oben sind und was wir da oben machen."* (Herr J)

Der Gebrauch des Pronomens „wir" bezog sich jedoch nicht nur auf die Bauern und Bäuerinnen des Bergweilers sondern wurde für unterschiedliche Gruppen verwendet. Häufiger als in Bezug auf die Nachbarschaft sprachen die Befragten in der Wir-Form, wenn sie sich auf ihre Angehörigen bezogen, die auf den Höfen leben. Darüber hinaus wurde auch von den Bergbauern und -bäuerinnen im Allgemeinen in der ersten Person Plural gesprochen.

Die Differenzierung in die Kollektive „Familie", „Bergbauern des Bergweilers" und „Bergbauern im Allgemeinen" geht implizit aus dem Text hervor. Eine weitere Unterkategorisierung der Nachbarschaftsgemeinschaft beschreiben Frau D und Frau G dagegen explizit, indem sie die verschiedenen Hofmodelle erklären, die in ihrem Tal existieren. Es wird unterschieden zwischen den

Modellen „Hof mit Lohnarbeit", „Hof mit Gastwirtschaft", „Hof mit einer Form des Urlaubs auf dem Bauernhof" und „Hof mit Direktvermarktung". Dabei beschreibt Bäuerin D das Modell „Hof mit Lohnarbeit" als „normal" und zählt sich selbst zu dieser Kategorie hinzu. Frau G fühlt sich dagegen den Höfen auf der anderen Seite des Tals zugehörig, die ebenfalls Gastwirtschaft betreiben. Dass es sich bei allen Höfen um Familienbetriebe handelt, die die Landwirtschaft nebenbei betreiben, ist für sie sicher.

In Bezug auf das Kollektivbewusstsein der Nachbarschaft fiel auf, dass die Befragten häufig vom persönlichen „Wir" in eine unpersönliche und verallgemeinernde Beschreibung der Bergbauern und -bäuerinnen wechselten. Dies geschah insbesondere, wenn Missstände in der Nachbarschaft angesprochen wurden. Die Befragten sprachen dann von den Bergbauern und -bäuerinnen in der dritten Person, auch wenn sie sich selbst implizit miteinbezogen. Beispielhaft wird dieser Wechsel an der Aussage von Herr B deutlich:

Früher sind die Leute zusammen gekommen, heute brauchen sie einander nicht mehr. Einziges Zusammen sind die Interessensgemeinschaften[2]. Jeder will etwas Vorteil, keiner will etwas tun. Heute arbeiten die Leute nicht mehr miteinander sondern gegeneinander. Hielten die Bergbauern mehr zusammen, wären sie stärker.

In ähnlicher Form lamentiert Frau D, es habe sich eine Mentalität des Raushaltens entwickelt. „Die Bauern" machten ihr „eigenes Ding" und hälfen sich gegenseitig nicht mehr, weder beim Heu einholen noch bei der Beantragung neuer Fördermöglichkeiten. Stattdessen neideten sie dem anderen jede Errungenschaft.

Diesen expliziten und impliziten Aussagen zum Gemeinschaftsverlust stehen die Aussagen einiger jüngerer Bergbauern aus Vellau gegenüber. Seit diese Generation in Vellau die Höfe übernommen habe, seien alte Fehden begraben worden, man helfe sich gegenseitig wieder und halte intensiver zusammen, als es die Alten getan hätten. Darüber hinaus übten sie mit der Interessengemeinschaft zusammen Druck auf die Politik aus (Ehepaar H). Nach den Versammlungen der Interessensgemeinschaft sitze man noch zusammen und unterhalte sich (Ehepaar H; FT).

Kollektive Werte wurden durch die Befragten fast ausschließlich im Zusammenhang mit verallgemeinerten Charakterisierungen der Bergbauern und -bäuerinnen benannt. Besonders häufig wurde der außerordentliche Fleiß und die gute Arbeitsmoral sowie die nachhaltige Lebens- und Wirtschaftsweise der Bauern und Bäuerinnen am Berg hervorgehoben. Es wird betont, dass die Arbeit am Hof nie fertig sei und kein Recht auf einen geregelten Feierabend und feste Urlaubstage bestehe (Ehepaar H). Fleiß, Arbeitsmoral und ein starker Wille seien grundlegend dafür, die Höfe aufrechterhalten zu können (Herr B). Darüber hinaus seien die Arbeit an der Natur und die Pflege des Hofes

---

[2] Die Interessensgemeinschaft ist ein Südtiroler Unternehmensmodell, das extra für Bauern geschaffen wurde, die sich zusammenschließen wollen, z.B. für den Betrieb von Schutzhäusern oder Maschinenringen. Es ist unbürokratisch und mit wenig Aufwand verbunden. Da die Haftung beim Vorstand der Gemeinschaft liegt, ist die Interessensgemeinschaft auch mit Risiko verbunden, was sie für einige Bauern und Bäuerinnen unattraktiv macht (FT).

„ordentlich" zu verrichten. Eine ordentliche Arbeit zu machen, entspricht gleichzeitig der Vorstellung, die Herr B und das Ehepaar H von einer nachhaltigen Wirtschaftsweise haben.

Neben den Merkmalen „Arbeitseinsatz" und „Nachhaltigkeit" beschrieben die Befragten teils implizit, teils explizit folgende weitere Werte: die ausgeprägte „Heimatverbundenheit" (Herr A), die „Freiheit" am Berg (Ehepaar H: 1537), das „Bauersein" an sich (Herr I), „soziale und kulturelle Traditionen", wie der geschlossene Hof (Frau D) oder das Vereinswesen (Herr J), und nicht zuletzt die „immaterielle Lebenseinstellung" (Herr A). Darüber hinaus zeigen die Aussagen der InterviewpartnerInnen, dass auch ein vielschichtiges „Gefühl der Diskriminierung" durch die Politik und die Gesellschaft im Allgemeinen tief im kollektiven Bewusstsein der Bergbauern und -bäuerinnen verankert ist. Nicht nur seien sie „das letzte Rad am Wagen der Politik" (Frau D), auch würden ihre Kinder in der Schule als „unsozial" und „unnormal" angesehen, nur weil sie auf Bäume kletterten (Ehepaar H).

Spezifische kollektive Werte, die sich nur auf einen jeweiligen Bergweiler oder die einzelnen Höfe bezogen, wurden von den Befragten kaum benannt. Es konnte jedoch beobachtet werden, dass in jedem Bergweiler ein eigener Dialekt herrscht (FT). Bauer J gab außerdem an, dass das Aushängeschild seines Hofes schon immer die Ziegen waren (FT).

Interpretation

Die Grundlage jeder kollektiven Identität stellt das kollektive Bewusstsein dar (vgl. Unterkap. „Kollektive Identität als organisch-gemeinschaftliche Vernunft"). Sennett (2009: 189) schreibt in „Der flexible Mensch":

> Ein Ort wird von der Geographie definiert, die Gemeinde beschwört die sozialen und persönlichen Dimensionen des Ortes. Ein Ort wird zu einer Gemeinde, wenn die Menschen das Pronomen «Wir» zu gebrauchen beginnen. So zu sprechen, setzt Bindung voraus, im Kleinen wie im Großen.

Es zeigt sich, dass sowohl für Vellau als auch für das Tabland von einem Kollektivbewusstsein gesprochen werden kann. Das „Wir", das Sennett anspricht, wird jedoch für unterschiedliche Kategorien gebraucht, „die Familie", „die Nachbarschaft" und „die Bergbauern im Allgemeinen". Das nachbarschaftliche Zusammengehörigkeitsgefühl bezieht sich dabei lediglich auf Bergbauern und -bäuerinnen. Ein Kollektivbewusstsein, das auch die Nicht-Landwirte, die in den Bergweilern beheimatet sind, einschließt, konnte nicht nachgewiesen werden. Innerhalb der Nachbarschaftsgemeinschaft konnte eine weitere Differenzierung entlang der verschiedenen Höfemodelle und in Vellau auch nach Alter festgestellt werden.

Hinsichtlich der Nachbarschaftsgemeinschaft wird von einigen Befragten ein Verlust des Gemeinschaftszusammenhalts beklagt. Für die Deutung des intuitiven Wechsels von der persönlichen in die unpersönliche Ausdrucksweise, der den Schilderungen zum Gemeinschaftsverlust innewohnt, ist Bourdieu (1997: 461; 470) hilfreich. Er beobachtete die unpersönliche Ausdrucksweise auch bei französischen Bauern. Es sei die einzige Möglichkeit des Bauern oder der Bäuerin Schmerz und Tränen auszudrücken, ohne sich lächerlich vorzukommen. Die intuitive Wortwahl von Herr B und Frau D scheint daher ein Zeichen dafür, dass sie das „Wir" der Nachbarschaftsgemeinschaft im Bewusstsein tragen, gleichzeitig jedoch schmerzlich einen Zerfall des Zusammengehörigkeitsgefühls wahrnehmen. In Vellau zeichnet sich jedoch auch ab, dass die jüngeren Befragten über die Mitgliedschaft in einer Interessensgemeinschaft ein neues Kollektivbewusstsein aufbauen. Warum dies nur für die junge Generation der Bergbauern und -bäuerinnen gilt, wird in Kapitel „Territoriale Einheit" thematisiert werden.

Das geschilderte Kollektivbewusstsein geht mit einem übergeordneten Werterahmen einher, der sowohl die tradierten und überwiegend positiv besetzten Eigenschaften des bäuerlichen Lebens am Berg umfasst, als auch ein allgemeines Gefühl der Diskriminierung seitens der Politik. Bei der weiteren Analyse dieser Werte ist zu beachten, dass der beschriebene Werterahmen eine Abbildung der Eigenschaften darstellt, die die Befragten der Kategorie „Bergbauern und -bäuerinnen im Allgemeinen" zuschrieben.

Die Kategorie der „Bergbauern und -bäuerinnen im Allgemeinen" entspricht der Vergesellschaftungsform des Kollektivs. Dieses unterscheidet sich insofern von der Familien- oder Nachbarschaftsgemeinschaft, als dass die Sozialbeziehungen des Kollektivs nicht direkt sind. Die Zugehörigkeit zum Kollektiv beruht darüber hinaus auf dem einseitigen Wunsch des Individuums. Damit wird auch deutlich, dass das Kollektivsubjekt kein reales ist, sondern von jedem einzelnen Individuum konstruiert wird (C./M. Uzarewicz 1997: 87ff). Die benannten Wertzuschreibungen stellen ein Abbild dieses Kollektivs dar und sind daher gleichzeitig ein Selbstbild, das auch für die eigene Hof- und Nachbarschaftsgemeinschaft gilt. Dennoch können Hof- und Nachbarschaftsgemeinschaften eigene Identifizierungsmerkmale haben, wie eine bestimmte Tierart, die auf einem Hof traditionell gehalten wird oder ein spezifischer Dialekt.

Hinsichtlich der Gültigkeit des dargestellten Selbstbildes ist eine Feststellung Plancks/Ziche (1979: 268) zu beachten. Demnach habe die Stärke des agrarstrukturellen Wandels in den letzten 250 Jahren zu allen Zeiten signifikante Differenzen entstehen lassen, zwischen

1. der Wertordnung, nach der die Bauern tatsächlich im Alltag handelten;
2. der Wertordnung, der sie selber zu gehorchen glaubten (Selbstbild) und
3. der Wertordnung, die andere (z.B. Pfarrer, Dichter, Philosophen, Politiker) für die Bauern aufstellten oder ihnen einfach andichteten (Fremdbild). (Planck/Ziche. 1979: 268)

In Anlehnung an Planck/Ziche kann das beschriebene Selbstbild der Befragten daher von den Wertorientierungen, an der sie ihr Alltagshandeln tatsächlich ausrichten, abweichen. Außerdem wurde deutlich, dass das Selbstbild vom Fremdbild der Gesellschaft beeinflusst wird. Im folgenden Kapitel gilt es, diese potenziellen Differenzen zu bedenken.

Zugehörigkeit
Die Zugehörigkeit zu einer Gemeinschaft ist zum einen an Aussagen und Beobachtungen zu erkennen, die darauf schließen lassen, dass sich die Denk- und Handlungsstrukturen der Befragten an den kollektiven Werten und Normen der Bergbauernlandwirtschaft orientieren. Zum anderen geben Aussagen und Beobachtungen Aufschluss, die von den Befragten über die Anerkennung anderer Bergbauern und -bäuerinnen getroffen werden. Die Anerkennung des Individuums durch die Anderen ist wiederum davon abhängig, ob die Person ihr Handeln an den kollektiven Werten ausrichtet und dadurch im Sinne der Gemeinschaft handelt.

Im Kontext des Forschungsinteresses ist die folgende Analyse der Zugehörigkeit fokussiert auf die Werte, die als Beweggründe für den Verbleib am Hof genannt werden. Es stellt sich die Frage, welche Relevanz die genannten Werte und die damit verbundenen Handlungsprinzipien für das Denken und Handeln der Menschen besitzen.

Gut Leben
Den Ausgangspunkt für die Analyse der Zugehörigkeit soll das Zitat eines Rückkehrers bilden. Ein Interviewpartner hatte den elterlichen Hof bereits verlassen und sich ein neues Leben abseits vom Hof aufgebaut, inklusive einer gut bezahlten Stelle, Haus, Frau und Kindern. Nach einigen Jahren konnte er Frau und Kinder überreden, nach Südtirol auf den elterlichen Hof zu ziehen, um das Erbe anzutreten.

„Man ‚ist‘ Bauer!", so Herr I. Auf der Arbeit habe er sich immer am besten mit den Kollegen verstanden, die auch Bauern waren. *„Wir hatten die gleichen Interessen. Aber die anderen waren glücklicher, denn die hatten ihren Hof noch. Sie haben mir gesagt, dass ich nie glücklich werden würde in dem Job."* (Herr I) I erklärt, dass alle aus der Gemeinde denken, es wäre blöd gewesen zurück zu kehren, doch er wolle es probieren, da für ihn zähle, gut und in Freiheit zu leben: *„Bei der Vorstellung bis 62 Jahre den alten Job zu machen, wird mir schlecht."* (Herr I) In ähnlicher Weise wie Bauer I argumentiert Bauer A, wenn er erklärt, für ihn sei die gute Lebens- und Wohnqualität am Berg ausschlaggebend gewesen, den Hof weiterzuführen und dafür auch Schulden aufzunehmen (Herr A). Beide betonten, dass der Hof den Kindern eine bessere Zukunft biete (Herr A; Herr I).

Gleichsam betonen die Bauern und Bäuerinnen wie viel Arbeit und Mühe es koste, den Hof zu führen (Frau B). Ein Anspruch auf Urlaub und geregelte Arbeitszeiten existiere nicht. 365 Tage im Jahr müsse man am Hof sein und man sei nie fertig (Herr H). Dennoch betonen viele der Befragten, dass sie zufrieden seien. *„Eine immaterielle Einstellung und Zufriedenheit kann einem niemand nehmen. Die Frau hat die gleiche Einstellung. Das ist dann doppelt schön!"* (Herr A) *„Arbeiten muss jeder, etwas Arbeit gibt es immer überall. Jeder muss etwas tun, was ihm gefällt. Gesundheit und Zufriedenheit, das ist das Wichtigste!"* (Frau F) Als Bauer J (FT) von den Vorfahren erzählte, erklärte er, schon sie lebten in bitterer Armut. Jedoch hatten sie im Gegensatz zu den Städtern keinen Hunger. Er selbst ersinnt ein Leben im städtischen Vorland mit seiner Partnerin V, *"...leben würden wir draußen. V und ich könnten gut leben. Also mit dem Gehalt von ihr und wenn ich dann noch etwas dazu verdiene. Da hast du ein sorgenfreies Leben. Das musst du einfach sagen, fertig"* (Herr J).

Interpretation
Als Rückkehrer hat Herr I die Erfahrung, das Leben am Berg aus der Distanz betrachtet zu haben, seine Perspektive auf das Leben als Bergbauer erscheint daher besonders aussagekräftig. Mit der Vorstellung vom guten Leben verweist er auf einen Wert, der nicht speziell für Südtiroler Bergbauern und -bäuerinnen gilt, sondern ein menschliches Bedürfnis darstellt, das den Wunsch nach Sinnhaftigkeit ausdrückt. „Gut Leben" kann daher mit „sinnhaft Leben" übersetzt werden.[3] Was eine Person als sinnhaft empfindet, kann dagegen nicht verallgemeinert werden, sondern ist von verinnerlichten, sozialen Deutungsmustern abhängig. Da das Verständnis sich verändernder Werteorientierungen auf dieser Erkenntnis aufbaut, soll der Zusammenhang zwischen „gutem Leben" und Deutungsmustern kurz vertieft werden.

Sinnhaftes Handeln ist nur innerhalb eines sozialen Deutungsrahmens möglich, in dem ein Zusammenhang zwischen dem persönlichen Handeln und dem sozialen Kontext hergestellt wird. Umgekehrt gilt: Handeln innerhalb des gemeinsamen Deutungsrahmens ist immer sinnvolles Handeln. Ob einem bestimmten Handeln, Fühlen oder Denken Sinn beigemessen wird, entscheidet sich danach, wie weit es sich auf gemeinsam geteilte Deutungsmuster bezieht und sich innerhalb eines sozialen Kontextes bewährt (Lohauß 1995: 95).

Der Begriff des sozialen Deutungsmusters verweist auf die Deutungsdimension kollektiver Normen und Werte (Oevermann 1973: 4). Bei sozialen Deutungsmustern handelt es sich nach Oevermann um „tradierte, intersubjektiv geltende Weltdeutungen" (Sozialer Sinn). Auch Mead (1973: 177; 248) zielt auf diese Deutungsdimension ab, wenn er im Kontext der kollektiven Identifikation von der Verortung des Individuums unter einem „gemeinsamen Sinnhorizont" spricht. Hinsichtlich der Entstehungsursache kollektiver Werte und Normen lässt er jedoch Fragen offen. Oevermann führt das Entstehen sozialer Deutungsmuster auf habitualisierte, soziale Problembewältigungsstrategien des Alltags zurück. Diese sozialen Erfahrungen würden im kollektiven Gedächtnis der Gemeinschaften gespeichert. Indem das Individuum das kollektive Wissen im Laufe seiner Sozialisation erlerne, sei es ihm möglich, alltägliche Handlungsprobleme in einer sozial anerkannten Form zu deuten und entsprechend zu handeln. Kollektive Werte und Normen bilden die Konkretisierung des kollektiven

---

[3] In der Entwicklungsdebatte wurde der Begriff „Gutes Leben" durch den lateinamerikanischen Ansatz des „buen vivir" besetzt. Buen vivir ist eine Kultur des Lebens, die auf einem ausbalancierten Verhältnis zwischen der Natur und dem Menschen abzielt und auf dem tradierten Wissen indigener Völker beruht. Zwischen der bergbäuerlichen Konzeption guten Lebens und dem buen vivir existieren daher Parallelen, sie sind jedoch im Rahmen dieser Arbeit nicht gleichzusetzen (Fatheuer 2011: 20).

Wissens und stellen die sinngebenden Elemente der Deutungsmuster dar. Sie fungierten wie soziale Regeln (Oevermann 1973: 4f) und böten Handlungsorientierungen im Sinne von richtig und falsch (Lohauß 1995: 102). Aufgrund der relativen Autonomie der Deutungsmuster, wende das Individuum diese auch auf Handlungsbedingungen an, die nicht mehr der ursprünglichen Entstehungssituation entsprächen. Deutungsmuster strukturierten daher Handlungen in wechselnden sozialen Situationen. Dennoch seien sie nicht als statisch zu verstehen. Ein Wandel der Deutungsmuster und der einhergehenden Problemdeutungen geschehe immer dann, wenn das Individuum vollkommen unbekannten sozialen Situationen ausgesetzt sei. Der Entstehungszeitpunkt kollektiver Werte könne auf Grund ihrer Prozesshaftigkeit nur willkürlich festgelegt werden (Oevermann 1973: 3f).

In Bezug auf die Bergbauern und -bäuerinnen bietet es sich an, den Ursprung der traditionellen bergbäuerlichen Deutungsmuster im Agrarzeitalter zu verorten. Diese Zeit war von der zentralen Sorge geprägt, die Produktivität des Kulturlandes ausreichend und nachhaltig sichern zu können, denn die dauerhafte Besiedlung der alpinen Gebiete war von der Güte des Kulturlandes abhängig. Entsprechend der speziellen naturräumlichen aber auch historischen Siedlungsbedingungen des Alpenraumes bildeten sich in Jahrhunderte andauernden Prozessen ausgeklügelte Sozial- und Wirtschaftssysteme aus, die von Generation zu Generation tradiert wurden.[4] Innerhalb dieser Systeme wurden sowohl die Bewirtschaftung und Pflege der Kulturlandschaft, die sozialen Beziehungen am Hof und in der Gemeinde (Bätzing 2015: 118ff) als auch der ökonomische Austausch oder Handel am Markt geregelt, wobei letzterer Aspekt im Agrarzeitalter noch eine untergeordnete Rolle spielte (Cole/Wolf 1995: 67ff).

Der dauerhafte Erhalt der mittelalterlichen Agrarstrukturen wurde dadurch gewährleistet, dass die einzelne Person keine moderne Individualität kannte. Stattdessen bestimmten die tradierten kollektiven Strukturen von Hof und Gemeinde das Denken und Handeln der Individuen. Die Konzeption guten Lebens der Bauern und Bäuerinnen im Agrarzeitalter beruhte demnach darauf, „die vorgefundenen Sozialstrukturen mit Leben zu erfüllen, sie auf diese Weise am Leben zu halten und ihre Fortexistenz mit Hilfe des eigenen Lebensvollzuges zu sichern" (Bätzing 2015: 118). Gerechtfertigt wurden die tradierten Denk- und Handlungsstrukturen durch den „Heiligen Kosmos" der Religion, dessen Regeln eine universale Gültigkeit besaßen (Lohauß 1995: 105).

Die hohe Verbindlichkeit der kollektiven Deutungsmuster und relativ stabile Handlungsbedingungen scheinen die Ursache dafür zu sein, dass die traditionellen Strukturen der Berglandwirtschaft zwischen dem 12. und dem 19. Jahrhundert kaum Wandel erfuhren (Bätzing 2003: 65). Zwischen der Konzeption des guten Lebens in der Vormoderne und in der Gegenwart bestehen dagegen bedeutende Differenzen. Zum einen verlor die transzendente

---

[4] Siehe dazu Holtkamp 2015: 6f; Bätzing 2015: 118ff.

Werteorientierung der Religion im Rahmen der Säkularisierung ihre unangezweifelte Gültigkeit und damit zunehmend an Bedeutung (Eickelpasch/Rademacher 2004: 17ff). Als Handlungsorientierungen dienen nun Weltanschauungen, die auf der Grundlage gesellschaftlicher und historischer Erfahrungen entstanden oder einfache moralische Regeln, wie „Man muss pünktlich sein!" (Lohauß 1995: 96ff) Beide sind weniger umfassend und weniger verbindlich als die transzendenten Deutungsmuster der Vormoderne. Zum anderen steht dem Individuum in den gegenwärtigen Zeiten der Individualisierung, der funktionalen Differenzierung und der Pluralisierung der Gesellschaft eine Vielzahl an Sinndeutungsmöglichkeiten zur Verfügung. Diese gilt es eigenständig zu einem sinnvollen Lebensentwurf zusammenzufügen (Beck 1986: 217). Der Horizont der sinnstiftenden Wertungen ist daher nicht mehr vollkommen durch das äußere Umfeld des Individuums vorbestimmt, sondern wird verstärkt von den Individuen aus sich heraus gebildet (Lohauß 1995: 105). Trotzdem impliziert der Identitätsbildungsprozess, auch in Zeiten der Individualisierung, keine vollkommen freie Wahl zwischen einer unendlichen Auswahl an Sinndeutungsmöglichkeiten. Bourdieu (1989: 18) macht deutlich, dass es sich vielmehr um eine Auswahl dominanter Sinndeutungsmöglichkeiten handelt, die zuvor in alltagsweltlichen Konflikten zwischen den einflussreichsten sozialen Akteuren ausgehandelt wurden. Individualisierung, so Beck (1986: 205), sei daher nicht als vollkommene Freisetzung von gesellschaftlichen Strukturen zu verstehen, sondern als „ein neuer Modus der Vergesellschaftung".

Auch die Bergbauern und -bäuerinnen sind von den gesamtgesellschaftlichen Entwicklungen der Moderne betroffen. Daher müssen auch sie unter den Sinndeutungsmöglichkeiten wählen, die ihnen zur Konzeption des guten Lebens zur Verfügung stehen. Wie deutlich wurde, ist die Vorstellung einer immateriellen Einstellung und harter Arbeit zugunsten des guten Lebens am Berg weiterhin verankert. Hart arbeitend, arm aber zufrieden, so werden auch die Vorfahren der Bergbauern und -bäuerinnen beschrieben. Die Befragten drücken mit dieser Beschreibung ihre Zugehörigkeit zu einer überkommenen Lebenseinstellung aus, ohne die das arbeitsintensive und finanziell häufig sorgenreiche Leben am Berg heute nicht zu rechtfertigen wäre. Im Vergleich mit der Generation der Eltern basiert dieses Lebenskonzept auf einer relativ freieren Wahl. Gleichzeitig zeichnet sich ab, dass heute auch ein Leben im Tal als „gut" empfunden werden kann, gerade weil es mit weniger Arbeit und weniger finanziellen Sorgen verbunden wird.

Freiheit
Im einleitenden Zitat in Kapitel „Zugehörigkeit" äußert Bauer I als Begründung für seine Rückkehr auf den Hof nicht nur den Wunsch nach einem guten, sondern auch nach einem freien Leben als Bergbauer. Das Ehepaar H spezifizierte diese Aussage, indem es erklärte, die Landwirtschaft sei wichtig, da sie frei mache. *„Auf dem Hof ist man sein eigener Chef."* (Ehepaar H) Dort zu leben sei besser, als in einer Wohnung in den Dörfern im Tal, denn auf dem Hof habe man viele

Freiheiten, die man unten nicht habe und man mache Dinge, die andere nicht für möglich hielten. Diese Dinge machten zufrieden und den Kopf frei. Geld dagegen sei nicht so wichtig, da man viele Situationen nicht mit Geld bezahlen könne: z.b. auf den steilsten Wiesen Heu rechen, Kälbern bei der Geburt helfen, mit Holz heizen, wann und wieviel man möchte, warm duschen, solange man möchte und nackt aus der Haustür gehen, ohne dass es jemanden störe (Ehepaar H). Die Kinder der Bergbauernfamilien kletterten darüber hinaus noch auf die Bäume und seien nicht so angepasst, an die Werte der Gesellschaft (Herr H). Frau H fasst zusammen, man könne am Berg „*Mensch sein*", „*primitiv sein!*"

Dem vorangehenden Zitat und den Aussagen anderer InterviewpartnerInnen nach zu urteilen (Herr A; Herr I), steht Freiheit stets in Verbindung mit unterschiedlichen Aspekten des bäuerlichen Lebens: der Selbstständigkeit, dem Leben und Arbeiten in der Natur und mit den Tieren, der Betriebssouveränität, der ganzheitlichen und selbstbestimmten Arbeit sowie der Tatsache für sich selbst arbeiten zu können und nicht für jemanden anderen. Darüber hinaus bedeutet Freiheit für die befragten Bergbauern und -bäuerinnen die Unabhängigkeit von einer Reihe an Zwängen und Einschränkungen, die auf das Leben im Tal projiziert werden. Als Beispiele werden da genannt, die Unabhängigkeit von Mietabgaben und Regeln des Zusammenwohnens, wie sie in Hausordnungen verfasst sind und die Freiheit von den Blicken der Nachbarn. Außerdem sei man am Berg frei von der Enge und dem Stress im Gewirr der Städte sowie den Werten der Gesellschaft.

Das beschriebene Bild des freien Bergbauers und der freien Bergbäuerin steht im Widerspruch mit weiteren Aussagen der Befragten, die auf vielseitige **Abhängigkeitsbeziehungen** deuten. Frau B erklärte, heute könne kein Bergbauer mehr ohne Förderungen leben. „*Weil vom Vieh allein kann keiner existieren. Das ist unmöglich.*" (Frau B) Das Thema Förderungen kommt daher in fast allen Interviews zur Sprache und wird von wechselnden GesprächspartnerInnen während der teilnehmenden Beobachtung angesprochen (Ehepaar B; Frau D; Frau E; Frau F; Frau G; Ehepaar H; Herr I; Herr J; FT). Die Aussagen zum Thema Förderungen zeigen auch, dass sich die Organisation der Bewirtschaftung heute nicht mehr ausschließlich nach den Zyklen der Natur, sondern ebenfalls nach den Förderzyklen und -bedingungen der Politik richtet. Zum Beispiel behalten einige Berghöfe nur so viel Vieh und Nutzfläche wie nötig, um ihre Förderberechtigung nicht zu verlieren (FT). Gleichermaßen stimmten Höfe mit Buschenschänken[5] ihren Verdienst aus der Schanktätigkeit genau auf die Höchstgrenze von 15.000€ ab, da ihre Förderansprüche ansonsten verfielen (Frau B).

Neben den Fördergesetzen nehmen weitere Agrar- und auch Steuergesetze sowie Umwelt-, Hygiene- und Tierschutzvorschriften Einfluss auf das Denken und Handeln der Bergbauern und -bäuerinnen. Familie F zum Beispiel

---

[5] Ein Buschenschank ist eine Lokalität auf dem Hof in der Wein und andere hofeigene Erzeugnisse serviert werden.

denkt ein paar Monate vor dem Wegfall der Milchquote darüber nach, was im Falle eines sinkenden Milchpreises zu tun sei. Eine mögliche Alternative zur Milchwirtschaft stelle für sie der Umstieg auf Galtvieh[6] dar und das Führen des Hofes als Hobbybetrieb (Frau F). Hinsichtlich der Einflussfaktoren der Umweltvorschriften sind die Aussagen der Befragten differenziert. Einerseits berichtete Bauer B, dass er keine Einschränkungen notiere, andererseits machte das Ehepaar H deutlich, dass ihnen der Landschaftsschutz nicht gestatte, die Kastanienbäume auf ihrem Hof zu fällen, obwohl sie die Arbeit auf der Wiese erschwerten. In Bezug auf die Steuer- und Abgabenpolitik rechnete Bauer J (FT) vor, wie hoch die Immobiliensteuern sind, die neuerlich auch die Bergbauern und -bäuerinnen zu zahlen hätten.

Ähnlich dem Staat stellen auch die Wirtschaft und der Markt Abhängigkeitsvariablen dar. Während Familie F Alternativen für die Zeit nach der Milchquote ersinnt, denkt Bauer I vor der Übernahme des elterlichen Betriebs über Marktnischen nach. Er stellt sich vor, in Zukunft Kirschen anzubauen, da diese am Berg zu einem späteren Zeitpunkt reif seien und sich daher für einen höheren Preis verkaufen ließen. Die Bergbetriebe, die weiterhin auf den Verkauf ihrer Milch an die Milchgenossenschaft setzten, sind insofern gut gestellt, als dass die Algunder Sennerei bislang einen überdurchschnittlich hohen Auszahlungspreis gewährt. Außerdem stellt die Milchgenossenschaft für die Betriebe eine sichere Absatzmöglichkeit mit wenig Arbeitsaufwand dar (Holtkamp 2015: 24). Als Mitglieder der Molkereigenossenschaft sind die Bauernbetriebe jedoch auch dazu verpflichtet, sich regelmäßig kontrollieren zu lassen und den Preis, den die Molkerei bietet, anzunehmen. Bauer J entschloss sich daher dagegen, dem Beispiel seiner Eltern zu folgen und weiterhin die lokale Molkereigenossenschaft zu beliefern. Bis heute könne er seine Biomilch bei der lokalen Molkerei nicht getrennt abrechnen und müsse sie als konventionell abliefern. Nach der Hofübernahme setzte er daher auf den Aufbau einer Käserei, die Produktion von Speck und Kaminwurzen[7] und die Direktvermarktung (Bauer J, 03.08.2016). Doch auch mit der Direktvermarktung ist Bauer J nicht frei von den Bedingungen der Marktwirtschaft. Um die Wirtschaftlichkeit seines Betriebes verbessern zu können, ließ er sich im Zeitraum der Datenerhebung von einem Finanzberater seiner Agrargenossenschaft beraten. Dieser rechnete J vor, dass er, wenn er ein passables Einkommen erwirtschaften wolle, den Betriebszweig „Ziegen" aufgeben und stattdessen mehr Kühe und Schweine halten müsse, da diese einen höheren Deckungsbeitrag haben (FT).

Als dritten Abhängigkeitsfaktor nennen die Befragten die Gesellschaft im Allgemeinen und den Stellenwert, dem der Bauernstand und seinen Funktionen innerhalb der Gesellschaft eingerichtet wird. In den Tälern, in denen die Berghöfe relativ zahlreich sind, werde den BetriebsleiterInnen generell ein höheres Ansehen geschenkt. Sie bräuchten sich daher weniger für den Bezug von Gel-

---

[6] Galtvieh: Weibliche Rinder bis zur ersten Abkalbung sowie Jungtiere.
[7] Kaminwurzen: kaltgeräucherte und luftgetrocknete Rohwurst aus Südtirol.

dern und Beiträgen zu rechtfertigen. In der Nähe der Stadt, wo die Bergbetriebe verschwindend geringe Anteile ausmachen, sei es dagegen schwer die eigenen Interessen zur rechtfertigen. Die Übernahme der Kosten für die Instandsetzung der Straße, die zu den obersten Höfen in Vellau führt, konnte zum Beispiel nur mit großer Mühe erreicht werden (Herr J). Auf lokaler Ebene bestimme daher die Gemeinde und darüber hinaus die Gesellschaft, in ihrer Rolle als WählerIn, ob und auf welche Weise die Politik die Berglandwirtschaft unterstütze. Als KonsumentIn könne die Gesellschaft darüber hinaus Einfluss darauf üben, welche Produkte angebaut würden, welche Preise die Produzierenden für ihre Erzeugnisse erhielten und inwieweit in der Produktion auch ökologische Standards beachtet würden (FT). Insgesamt, so stellte Bauer J (FT) fest, laute die Frage: *„Was ist es den Leuten wert, dass die Bauern die Landschaft erhalten?"*

Letztlich zeigte sich an den Aussagen der Bauern und -bäuerinnen, dass auf privater Ebene **Widerstand** gegen die bestehende politische und wirtschaftliche Ordnung geleistet wird. Bauer C rief, *„er mache auf seinem Hof, was er wolle und lasse sich nicht verarschen!"* Damit ist C nicht der einzige, auch die Hs gaben an, sie ließen sich nicht darin bevormunden, was sie auf ihrem Grundstück zu tun und zu lassen hätten. Wenn es der Landschaftsschutz verbiete, Bäume zu fällen, die bei der Arbeit störten, dann ließen sie sich eben eine Ausrede einfallen, weshalb es die Bäume nicht mehr gebe. Stärker als die Hs bezog Herr A seine Interpretation von Freiheit auf die unternehmerische Dimension des Hofes, z.B. die Möglichkeit Betriebsmodelle ausprobieren und sich selbst etwas aufbauen zu können. Die staatlichen Hürden, die diese Freiheit bedrohten, umgehe er zunächst. Den Hofstand melde er zum Beispiel erst, wenn ausreichend erprobt sei, dass er sich auch lohne. In Italien sei dies glücklicherweise möglich, solange der Betrieb klein sei.

Von diesen privaten Widerständen abgesehen passen sich sowohl die Hs als auch Herr C, Herr A und alle anderen Befragten den Auflagen an, die für den Bezug der landwirtschaftlichen Förderbeiträge verpflichtend sind. Gleichzeitig bildet das freiheitliche Selbstbild für die Befragten eine starke Rechtfertigungsgrundlage dafür, das Leben am Berg weiterzuführen. Lediglich Bergbauer J grenzt sich deutlich von den anderen Bergbauern und -bäuerinnen ab, indem er sagt: *„Ach die Freiheit, die anderen Bergbauern wissen gar nicht wie frei die unten leben. Hier gibt es schon so viele Regeln in der Landwirtschaft."* (Herr J)

Interpretation
Insgesamt scheint das freiheitliche Selbstverständnis tief in der Vorstellung vom guten Leben verankert und somit auch ein Teil der Werteorientierung der Bergbauern und –bäuerinnen zu sein. Die Studien von Burger-Scheidlin 2002 (71), Schwärz 2011 (63) und Lukas 2008 (62) bestätigten dieses Ergebnis auch für andere Regionen in den Alpen. Agrarwissenschaftliche Studien aus den 80er Jahren weisen das freiheitliche Selbstverständnis darüber hinaus für den gesamten Bauernstand im deutschsprachigen Raum nach (Dirscherl 1989: 39f).

Gleich, in welcher Region, welchem Land, ob Bauer oder Bäuerin, jung oder alt, im Haupt- oder Nebenerwerb und unabhängig vom landwirtschaftlichen Betriebszweig, ja sogar die lohnabhängigen Landarbeiter preisen die Freiheit als Wesensmerkmal landwirtschaftlicher Beschäftigung. (Dirscherl 1989: 39f)

Der Ursprung der bäuerlichen Freiheit liegt im Agrarzeitalter und bedeutete das Recht auf Selbstverwaltung und die Abwesenheit personeller Herrschaft. Insbesondere für die Bauern und -bäuerinnen am Berg stellte diese Art der Freiheit die Grundbedingung für eine langfristige Existenz dar, denn die schwierigen topografischen Bedingungen verlangten die Einhaltung des Gleichgewichts von Produktion und Reproduktion. Das Streben nach einer langfristig ausgelegten Bewirtschaftung stand jedoch im Widerspruch zu den häufig kurzfristig orientierten Interessen und Machtansprüchen der Grundbesitzer. Daher musste der Bauernstand das Verhältnis von Abhängigkeit und persönlicher Freiheit stets neu auskämpfen (Bätzing 2015: 124). Der Tiroler Bauernstand nahm hinsichtlich seiner Selbstverwaltungsrechte eine historische Sonderposition ein. Mit dem Ziel, die Machtausbreitung des niederen Adels zu verhindern, gewährten die Tiroler Grafen und die Habsburgerregierung dem Bauerstand seit Beginn der grundherrschaftlichen Ordnung im 13. Jh. persönliche Selbstverwaltungsrechte und ein politisches Mitspracherecht (Cole/Wolf 1995: 6ff). Der Bauernstand im restlichen, deutschsprachigen Raum erlangte dagegen erst mit der sogenannten Bauernbefreiung des 19. Jhs. die politische und rechtliche Freiheit (Dirscherl 1989: 31).

Einerseits ist die Deutung der bäuerlichen Freiheit heute mit der Unabhängigkeit eines Kleinunternehmers zu vergleichen (Dirscherl 1989: 50ff). Andererseits wird sie mit Attributen verbunden, die das Leben und Arbeiten im ländlichen Raum betreffen. Die Grundlage für den Erhalt der bergbäuerlichen Freiheit, so lässt sich aus den genannten Merkmalen ableiten, bildet die selbstständige Tätigkeit in der Landwirtschaft, der Besitz eines Hofes sowie das natürliche Lebensumfeld am Berg.

Die Rolle der Bergbauern und -bäuerinnen als selbstständige KleinunternehmerInnen wird jedoch von den vielfältigen Abhängigkeitsbeziehungen mit der Politik, der Wirtschaft und der Gesellschaft überlagert. Auch historisch gesehen, implizierten die Tiroler Freiheiten nie eine vollkommene Unabhängigkeit. Abgabenlast, Preisverfall, Grundstücksnot oder auch das Eindringen fremder Herrscher gefährdeten die Selbstverwaltung der Bauernfamilie und stellten ihre Existenz enorm unter Druck (Cole/Wolf 1995: 67ff). Zu keiner Zeit aber griffen der Staat und die Wirtschaft so aktiv in die Produktionsentscheidungen der Betriebsleitenden ein wie heute. Staatliche Förderungen haben dabei den größten Einfluss auf das Handeln der Bergbauern und -bäuerinnen. Bourdieu (1997: 459ff) schrieb daher schon vor knapp 20 Jahren, ihr Einfluss bestimme stärker über das Einkommen der Bauern und Bäuerinnen, als es die Natur früher tat und immer noch tut. Die Abhängigkeit vom Staat verbinde daher in ähnlichem Maße wie die historische Freiheit. Wie in Kapitel „Kollektives Bewusstsein und gemeinsamer Werterahmen" schon angedeutet, erzeugt die

Abhängigkeit von den staatlichen Förderungen jedoch keine Solidarität unter den Befragten. Die Ursache hierfür kann auf die derzeitige Form der einzelbetrieblichen Förderungspolitik zurückgeführt werden. Sie unterbindet kooperative Tätigkeiten, da sie die einseitige Abhängigkeit vom Staat verstärkt, wechselseitige Abhängigkeit unter den Bauern und Bäuerinnen jedoch aufhebt und den Wettbewerb um Flächenanteile verstärkt. Diese Entwicklung ist wesentlich für das Gemeinschaftsempfinden am Berg, das in Kapitel „Territoriale Einheit" ausführlich thematisiert wird.

Abschließend bleibt die Frage zu klären, warum das freiheitliche Selbstverständnis trotz aller Abhängigkeiten bis heute erhalten bleiben konnte. Auch hier gibt der Blick in die Geschichte Aufschluss. Der Wandel des bäuerlichen Freiheitsverständnisses in Richtung unternehmerischer Freiheit entstand im Zuge des Übergangsprozesses von bäuerlicher Subsistenzwirtschaft zu marktwirtschaftlicher Orientierung. Das veränderte Freiheitsverständnis beruht jedoch nicht allein auf dem veränderten Handlungskontext, sondern wurde durch die Erfindung der sogenannten Bauerntumsideologie gefördert (Krammer 1988: 707). Zum Aufbau der Ideologie bediente sich die Agrarlobby eines idealisierten Bildes des bäuerlichen Familienbetriebs (Krammer 1988: 707), das nach dem zweiten Weltkrieg zum Leitbild der westeuropäischen Landwirtschaft wurde (Dirscherl 1989: 49). Dessen wichtigste Funktion sei es, zwei Forderungen stellen zu können – die Modernisierung der Betriebe und der Erhalt des Bauernstandes. Dazu wurde „den Bauern ein handlungsrelevantes Deutungsmuster der Gesellschaft und ihrer Veränderungen [vermittelt], indem bäuerliches Arbeiten und Leben als ursprünglich, gut, frei, gottgefällig und zukunftsweisend hingestellt wird (Krammer 1988: 707)." Die Besonderheit der Bauerntumsideologie ist, dass sie nicht nur von der Agrarlobby propagiert, sondern auch vom Bauernstand selbst verinnerlicht wurde, denn sie beruht auf den Wünschen, die sich mit dem Strukturwandel in der kleinbäuerlichen Landwirtschaft aufbauten (Peuker 2013: 94ff). Der bäuerliche Familienbetrieb als Zukunft der Landwirtschaft wurde nach den 50er Jahren teilweise durch andere Ideologien abgelöst, z.B. die Vorstellung hochindustrialisierter Agrarunternehmen. Die Bauerntumsideologie hält sich jedoch bis heute in der Vorstellung vieler Bauern und Bäuerinnen. Daher fungiere sie weiterhin als Bollwerk gegen mögliche Angriffe auf die bestehende Wirtschaftsordnung und damit auch gegen die Aufgabe der bäuerlichen Betriebe (Dirscherl 1989: 32).

Derzeit ist der Wert der Freiheit noch eng mit dem bäuerlichen Familienbetrieb verbunden. Die Anmerkung von Bauer J zeigt jedoch, dass auch ein Leben abseits vom Hof, frei von den Sorgen und bürokratischen Regeln der Landwirtschaft, attraktiv erscheinen kann. Welches Maß an Abhängigkeit der Bergbauer oder die Bergbäuerin noch mit dem Wert der Freiheit vereinbaren kann, ist also personenabhängig. Sicher ist, dass ein weiteres Eingreifen in die bäuerliche Selbstbestimmtheit durch den Staat oder die Wirtschaft den kollektiven Wert der Freiheit untergräbt und nicht dazu führen wird, den Erhalt der Bergbetriebe zu sichern.

Hof

Der Besitz eines Hofes stellt eine Grundlage des freiheitlichen Selbstverständnisses dar. Darüber hinaus benannten die Befragten den Hof jedoch auch als Wert für sich, den es lohnt zu erhalten (A: 173ff). Eine Bergbäuerin brachte im Gespräch ihre starke materielle und emotionale Bindung an den Hof zum Ausdruck. Mit großer Betroffenheit erläuterte sie ihre familiäre und finanzielle Situation, auf Grund derer sie möglicherweise dazu gezwungen werde, den Hof, in den sie und ihr Mann schon jahrelang Arbeit und Geld investieren, aufzugeben. Obwohl die Bäuerin mehrmals betonte, welch schweren Stand sie als Eingeheiratete bei den Familienmitgliedern ihres Mannes habe, die ebenfalls auf dem Hof wohnen (Frau D), spricht auch Stolz aus ihren Aussagen. Eine Hofaufgabe würde bedeuten, vor dem Nichts zu stehen:

CH: ... können sie sich vorstellen etwas anderes zu machen? Ist man sehr gebunden an diesen Hof?
IP [InterviewpartnerIn]: Es ist so, man ist schon sehr verzweifelt, weil man keinen Neuanfang machen kann. Weil man kein Geld mehr hat. Man hat nicht mal Geld diesen Betrag zu bezahlen. Man muss ja erst einmal eine Wohnung haben, ich hab drei Kinder, die gehen zur Schule. Es ist die ganze Existenz kaputt eigentlich bei mir. An diesen Punkt möchte ich gar noch nicht denken, ne.
CH: Ja, mhm.
IP: Weil man alles irgendwie investiert hat, ja! Die ganzen Wiesen, Wege alles. Wir können fahren, wir können alles runtermachen und aufladen. Das haben alles wir gemacht.
CH: Oh, ja!
IP: Wir haben die Wohnung umgebaut und der Stall, der war total am Zusammenbrechen. Da musste man gebückt drin gehen, den haben wir neu aufgestellt. Das Geld steckt alles hier drin!
CH: Und die Arbeit auch, nicht?
IP: Ja eben. Das ist eben das Schlimme.

Im Gegensatz zu den Ds ist Bauer C nicht in materieller Hinsicht abhängig vom Hof, denn er wohnt mit seiner Frau im Tal, wo er andere Einkünfte hat (Frau D). Vom Hof allein, so ist C überzeugt, könne man nicht leben (Herr C). Dennoch drückt auch er seine tiefe emotionale Verbundenheit mit dem Hof aus: „Ich liebe den Hof schon, den mache ich schon, die Ziegen mache ich!" (Herr C) Ähnlich wie Herr C erläutern weitere InterviewpartnerInnen (Herr A; Ehepaar H) offen ihre enge emotionale Bindung an den Hof. Andere (Frau F; Frau G; Herr I; Herr J) geben sie indirekt wieder, z.B. Herr B, der seinen Lebensabend auf dem Hof verbringen möchte. Insgesamt, so wird deutlich, überwiegen die emotionalen Bemerkungen zum Hof.

Durch weitere Aussagen der InterviewpartnerInnen (Herr A; Herr B; Frau E) wird deutlich, dass sich die enge emotionale Bindung der Befragten auf den eigenen Hof beschränkt, der im Regelfall durch Erbe oder Heirat erworben wird. Einen anderen Hof zu bewirtschaften, käme für die Befragten nicht in Frage. Eher suchten sie sich dann einen Beruf außerhalb der Landwirtschaft. Auffällig erscheint in diesem Zusammenhang, dass Bauer C nicht den Geburtshof übernommen hat, sondern den Hof der Tante. Die Tatsache, dass es nicht sein Geburtshof ist, erwähnt er gleich ganz am Anfang des Gesprächs (Herr C). Zugleich ist Bauer C der einzige der Befragten, der zum Zeitpunkt des Interviews nicht mehr auf dem Hof wohnt und lediglich zur Pflege der Tiere kommt. Wie am Beispiel von Familie E ersichtlich wird, kann es zu unterschiedlichen Empfindungen der Ehepartner hinsichtlich ihrer Bindung an den Hof kommen. Frau E deutet an, dass sie die Landwirtschaft lieber liegen lassen würde, da es schwer sei, vom Hof zu leben. Ihn aufzugeben sei jedoch auch schwer, da der Mann am Hof und an der Arbeit mit den Tieren hänge. Frau E gehört der Kategorie > 40 Jahre an, der Gedanke den Hof zu übergeben liegt für sie also nahe. Bauer J ist unterdessen der einzige der jüngeren Bauern, der den Hof in ein paar Jahren gern an einen oder eine NachfolgerIn abgeben möchte, um sich selbst einen anderen Job zu suchen. Trotz dieser Aussage wird am Denken und Handeln von J implizit deutlich, dass auch ihn eine tiefe Verbundenheit zum Hof prägt (FT).

Wie in der Vorstellung des Samples (vgl. Kap. „Sample") schon dargestellt wurde, handelt es sich bei den befragten Höfen um **geschlossene Höfe**. Frau D erläutert dieses Prinzip wie folgt: *„Da darf nichts geteilt werden, keine Wiese, alles gehört zusammen."* (Frau D) Einer der Befragten erklärte, dass er und sein Bruder sich dazu entschlossen hätten, von der Tradition des geschlossenen Hofes abzuweichen, indem sie das Wirtshaus vom Hof abtrennten.

Heute macht mein Bruder das Gasthaus und ich mache den Stall. Beide als eigenständige Betriebe. Wir haben uns gegen die Variante ‚alles gehört einem' entschieden. Dann müsste einer beim anderen arbeiten. Das ist oft zu riskant, wenn man Familie hat und Streitigkeiten entstehen. (Herr A)

Bauer A und Bäuerin D machen darüber hinaus auf ein weiteres Problem aufmerksam, dass mit dem geschlossenen Hof einhergeht. Am Berg, so Frau D, könne der Betrieb im Unterschied zum Flachland, nicht einfach beliebig ausgeweitet werden, wenn der Ertrag zu niedrig sei (Frau D). *„Na, das eine ist, was einem gehört, das andere ist Gemeinde und das nächste ist schon dem Nachbarn."* (Frau D) Bauer A bestätigt dieses Problem, indem er anmerkt, er könne nicht einfach das Grundstück vom Nachbarn kaufen, denn die Geschwister hätten immer das Vorkaufsrecht. Bauer J pachtet derweil ein ungenutztes Grundstück seines Nachbarn (Herr J).

Neben der Regelung zur Unteilbarkeit, gehen mit dem Prinzip des geschlossenen Hofes weitere Verpflichtungen einher, die dem Hofübernehmenden mit der Übernahme auferlegt werden können. Bauer J erklärte dazu, dass die Eltern das Recht auf eine Form des Fruchtgenusses, dies sind rechtliche Versorgungsleistungen zu Lasten des Hofübernehmers, geltend machen könnten. Gleichzeitig erläuterte er, dass dieses Recht heute in der Praxis weniger stringent durchgesetzt würde, da es die HofnachfolgerInnen zu sehr belaste:

IP: ... da wird das dann ja in das Grundbuch eingetragen, dass deine Eltern dann in ihren angestandenen Wohnungen das Wohnrecht haben.
CH: Ja.
IP: Normalerweise gibt's dann noch ganz andere Formen von Fruchtgenuss aber das wird heutzutage zum Glück nicht mehr angewandt. Und ähm, weil eigentlich

wäre dann ja der Hofübernehmer unternehmerisch und praktisch dazu verpflichtet, auf seine Eltern zu schauen. Und da ist jetzt, da haben sich meine Schwestern da schon jetzt sehr erkenntlich gezeigt und wir haben jetzt alles zu fünft geteilt.
CH: Achso.
IP: Und die Spesen, die jetzt entstanden sind von der Beerdigung und –
CH: Da wärst du sonst eigentlich für verantwortlich?
IP: Ja genau.
CH: Ach, ok.
IP: Wenn du den Hof übernimmst, dann geht das heute leider nicht mehr. Wenn du heute, äh, einen Elternteil zuhause hast und zahlst deren Kosten, das haut dich ja auf, das geht ja alles auch nicht mehr.

Neben den finanziellen Belastungen werden von einigen Befragten die Streitigkeiten angesprochen, die entstünden, wenn zwei Generationen unter einem Dach lebten. Der Grund liege meist darin, dass die Jungen den Hof verändern und die Alten nicht von ihren Gewohnheiten loslassen können (Frau D; Ehepaar H). Die Probleme würden häufig der angeheirateten Schwiegertochter zugeschoben, die neu auf dem Hof ist (Ehepaar H). Ein treffendes Beispiel ist die zuvor bereits erwähnte Situation der Bäuerin D. Neben persönlichen Beschuldigungen und Drohungen, die gegen sie gerichtet werden, sehen sie und ihr Mann sich der Situation ausgesetzt die Wohnkosten anderer Familienmitglieder tragen zu müssen, ohne dass diese mit ihrer Arbeitskraft zum Erhalt des Hofes beitrügen (Frau D).

Laut Frau G sei es bis heute die Regel, dass die Eltern auf den Höfen wohnten und bei der Arbeit hälfen. Tatsächlich verzichteten die Altbauern und -bäuerinnen auf vier von zehn befragten Höfen heute auf ihr Wohn- und Versorgungsrecht gegenüber den Erben. Laut J sei seiner Mutter die Arbeit am Hof immer schon zu anstrengend gewesen. Nach dem Tod seines Vaters sei sie ins Tal gezogen, wo sie jetzt richtig aufblühe (FT). Dennoch gibt es auch Familien, wie die Bs, die ihre Eltern seit Jahren auf den Höfen pflegen (Frau B).

Neben den Verpflichtungen gegenüber den Eltern hat der oder die Hofübernehmende auch Verpflichtungen gegenüber seinen Miterben, die vom Erbe zurücktreten und ausgezahlt werden müssen (Autonome Provinz Bozen 2001, 28 Nov.: Art. 31 i.Verb. m. Art. 20). Da diese Verpflichtungen eine zusätzliche finanzielle Belastung für den Hofübernehmenden darstellen, verzichten die Geschwister mancher BetriebsleiterInnen auf ihre Auszahlung. Es sei ihnen mehr wert, dass der Hof und die Heimat erhalten blieben und die Eltern, die evtl. noch auf dem Hof wohnten, gut gepflegt würden (FT).

Die **Hofübernahme** stellt das Thema dar, das von den Befragten am häufigsten und am konsistentesten problematisiert wurde, ohne dass es im Interview explizit abgefragt wurde. Die Hofnachfolgesituation, also die Frage, ob die Hofübernahme für einen Hof schon geklärt ist, wurde zumeist im Hinblick auf die Zukunft der Bergbauernlandwirtschaft im Allgemeinen erläutert (Frau D; Ehepaar B) oder im Zusammenhang mit der Frage, warum die Befragten sich entschieden hätten am Berg zu bleiben (Herr A; Frau E; Ehepaar H; Herr I).

Die meisten Befragten der älteren Betriebsleitergeneration, > 40 Jahre (Herr B; Herr C; Frau G), gaben an, dass in ihrer Jugend ohne Zweifel festgestanden habe, ob ein Sohn und welcher Sohn den Hof übernehmen würde. Dagegen zeichnet die jüngere Generation der BetriebsleiterInnen, < 40 Jahre, hinsichtlich dieser Frage ein diverses Bild. Während Bauer A betont, es sei eine freiwillige Entscheidung gewesen, den Hof zu übernehmen, erklärt Bauer J, er habe sich verpflichtet gefühlt, ihn weiterzuführen, denn seine Eltern habe er nicht umsiedeln können (Herr J). Dagegen sei Bauer D, so berichtet seine Frau, von seinen Eltern regelrecht gezwungen worden, den Hof zu übernehmen, indem ihm als Heranwachsender Schule und Ausbildung verweigert worden seien. Dieselbe Generation von BetriebsleiterInnen stimmt im Hinblick auf die Übergabe des Hofes an ihre Kinder wiederum überein, dass die Entscheidung, ob übernommen wird und wer übernimmt, eine freiwillige sein müsse (Frau D; Frau E; Frau F). Bauer B betont darüber hinaus, dass die Übernahme keinen Sinn habe, wenn der Wille den Hof zu erhalten zu schwach sei. Der Wille sei die Grundvoraussetzung für das Weiterführen der Höfe (Herr B).

Den Kontext der Aussagen zur Freiwilligkeit der Hofübernahme stellen die zahlreichen Probleme und Herausforderungen dar, die mit dem Leben am Hof verbunden werden:
- die ökonomischen Rentabilitätsfragen (Frau E),
- der große Arbeitsaufwand (Frau D),
- die Probleme, die durch das enge Zusammenleben auf den geschlossenen Höfen entstehen können (Frau D; Ehepaar H) sowie die Fragen,
- ob die Nachkommen Spaß an der Landwirtschaft haben (Herr J) und
- ob sich ein/e PartnerIn findet, der/die das Leben und auch die Arbeit auf dem Land teilen möchte (Frau F).

All diese Probleme und Hindernisse werden von der heutigen Generation der Eltern häufig auf Grund eigener Erfahrungen gesehen. Frau D erklärt, sie wolle ihren Kindern daher raten einen Beruf zu erlernen, damit sie ein sicheres Auskommen hätten.

...man hört von vielen sagen: ‚Ich sag nicht meinem Kind, du wirst Bauer, du musst Bauer werden'. An erster Stelle steht immer Beruf lernen. Das ist das Wichtigste, dass man ein Standbein hat. Weil ich sag auch zu meinen Kindern das nicht, weil ein Standbein, ein fixes, das brauchen sie. Das muss sein. Weil sonst stehst irgendwann einmal da, ohne etwas. Das ist – Und wenn man auch so hört. richtig vom Kind oder auch vom Erwachsenen: ‚Ich werd Bauer'. Das hört man eigentlich nicht mehr. (Frau D)

Dennoch wird an zahlreichen Aussagen implizit und explizit immer wieder deutlich, dass den meisten InterviewpartnerInnen, die sich mit der Hofübergabe beschäftigen, an der Weiterführung des Hofes gelegen ist (Ehepaar B; Frau G; Herr I; Herr J) und sei es nur als Hobbylandwirtschaft (Frau F). Das Ehepaar H und Bauer B beschäftigt daher die Frage, unter welchen Umständen die Kinder Interesse an der Hofübernahme entwickelten. Begünstigend auf die Entscheidung der Kinder wirke vor allem die Erziehung. Wenn die Kinder früh in die Hofarbeit einbezogen und ihnen Verantwortung übertragen werde, entwickelten sie Spaß an der Arbeit und wüchsen schon in dem Gedanken auf, den Hof einmal zu übernehmen. Bauer J, der sich vorstellt, den Hof bald für einen anderen Job aufzugeben, denkt derweil darüber nach, welche externe Person den Hof übernehmen könnte, wenn der eigene Sohn kein Interesse an der Landwirtschaft haben sollte.

Interpretation
Der Hof als Eigenwert, den es zu erhalten gilt, hat heute sowohl eine materielle, jedoch vor allem eine emotionale Bedeutung für seine BesitzerInnen. Die enge emotionale Bindung zu den Höfen ist vor allem darauf zurückzuführen, dass es sich bei der großen Mehrheit aller Südtiroler Höfe, 96,1% im Jahr 2010, um Familienbetriebe handelt (ASTAT 2013: 5). Den landwirtschaftlichen Familienbetrieb der Moderne charakterisieren verschiedene Aspekte, die von Land zu Land variieren. Grundsätzlich gilt für jedes Familienunternehmen jedoch, dass es „Eigentums- und Leitungsrechte in der Person des Unternehmers oder der Unternehmerin bzw. deren Familie vereint" (Institut für Mittelstandsforschung Bonn, 29.05.2015). Nach dem soziologischen Modell von Planck und Ziche (1979: 297) kennzeichnet den landwirtschaftlichen Familienbetrieb darüber hinaus die Integration von vier Komponenten, die in engen, wechselhaften Beziehungen zueinanderstehen. Die Familie stellt die sozial-biologische Seite des Betriebs dar, der Haushalt die sozial-ökonomische, der Betrieb die technisch-wirtschaftliche und das Unternehmen die juristisch-finanzielle Seite des Hofes. Beispielsweise hat die Geburt eines Kindes Auswirkungen auf die Anzahl der verfügbaren Arbeitskräfte und den zu erwirtschaftenden Output, der für die Versorgung der Familie notwendig ist. Für die Betriebsleitenden bedeutet die Integration der genannten Komponenten, dass sie auf dem Hof gleichzeitig die Rolle der Familienoberhäupter, der Haushaltsvorsitzenden, der Betriebsleitenden und der Unternehmensvorstände einnehmen. Im Hinblick auf die Frage der bergbäuerlichen Identität kann daher geschlussfolgert werden, dass der Hof wichtige Teilidentitäten der Betriebsleitenden vereint. Als Familienbetrieb bildet der Hof jedoch nicht „nur" eine wichtige Grundlage für die persönliche Identität seiner BewirtschafterInnen. Er verkörpert darüber hinaus eine jahrhundertealte Familienidentität. Mit dem Heranwachsen auf dem Hof wird sie an die nachfolgenden Generationen übermittelt und mit ihr zahlreiche Lebens- und Wirtschaftsprinzipien. Die Verantwortung für ihre Aufrechterhaltung wird mit jedem Erbgang in die Hände des oder der HofnachfolgerIn gelegt.

Die Ursache der engen emotionalen Bindung an den Hof liegt in dieser hohen Bedeutung des Hofes für die persönliche und die kollektive Identität seiner BewirtschafterInnen. Sie veranlasst die interviewten BergbäuerInnen in mehr oder weniger starkem Maße zu Handlungen, die unter einem rational-ökonomischen Gesichtspunkt irrational erscheinen. Dies sind die Weiterführung des Hofes und die Selbstausbeutung der eigenen Arbeitskraft und der Arbeitskraft möglicher mitarbeitender Familienangehöriger (Planck 1979: 297). Vor diesem Hintergrund wird auch deutlich, warum Frau E, als angeheiratete Ehepartnerin, eine schwächere Bindung zum Hof hat als ihr Mann. Sie ist nicht am Hof aufgewachsen, identifiziert sich daher weniger mit der Familientradition des Hofes und empfindet die Arbeit am Hof daher weniger lohnenswert.

Trotz der insgesamt engen emotionalen Bindung an den Hof, ist den Interviews ein schleichender Wandel hinsichtlich seines Sinngebungspotenzials zu entnehmen. Vor allem ist eine Lockerung der Handlungsprinzipien festzustellen, die mit dem traditionellen Erbfolgerecht und der Tradition der kontinuierlichen Hofübergabe verbunden sind.

Der formelle Ursprung des Erbfolgeprinzips des geschlossenen Hofes geht auf das germanische Anerbenrecht zurück. Es bildet das Gegenstück zum ursprünglich römischen Recht der Realerbteilung, bei dem der Hof bei jedem Erbgang unter allen Erben aufgeteilt wird (Leonardi 2009: 10f). Praktisch gesehen liegt der Ursprung des geschlossenen Hofes in einer ökologischen Notwendigkeit der Selbstversorgerzeit. In den abgelegenen Lagen am Berg war es notwendig Hofgrößen zu erhalten, durch die eine Familie ernährt werden konnte, ohne auf eine außerlandwirtschaftliche Nebentätigkeit angewiesen zu sein (Cole/Wolf 1999: 235ff, Schwärz 2011: 19). Aus dieser Notwendigkeit entwickelte sich ein Gewohnheitsrecht, das in geltendes Recht übertragen wurde und sogar eine 25-jährige Phase des Verbots in der Zeit des italienischen Faschismus (Mori/Hintner 2013: 10) bis heute überdauert. Da in der Zeit des Verbots nur 12% der Betriebe geteilt oder verkleinert wurden, schließen Cole und Wolf (1995: 235ff), dass das Prinzip des geschlossenen Hofes zusätzlich eine starke emotionale Bedeutung für die Südtiroler Landbevölkerung hatte und einen Teil der ethnischen Abgrenzung darstellte.

Auch heute ist das traditionelle Prinzip des geschlossenen Hofes tief im Selbstverständnis der befragten Bergbauern und -bäuerinnen im Tabland und in Vellau verankert. Außerdem ist es rechtlich geregelt und gilt gemeinhin als entscheidender Faktor für die relativ stabilen Betriebszahlen und den Erhalt der kleinbäuerlichen Landwirtschaft in Südtirol (Schwärz 2011: 18). Gleichzeitig beginnt die universelle Gültigkeit des geschlossenen Hofes und der damit verbundenen Prinzipien aufzuweichen. Diese Entwicklung hat verschiedene Gründe: Zum einen hat der geschlossene Hof als ethnisches Abgrenzungsmerkmal an Bedeutung verloren, da die direkte Unterdrückung der bergbäuerlichen Identität durch die italienische Regierung aufgehoben wurde. Zum anderen widerstrebt die allgemeine agrarwirtschaftliche Praxis der kleinräumigen Landwirtschaft. Sowohl Markt als auch Förderpolitik begünstigen die Bewirtschaftung möglichst großer Flächen, damit landwirtschaftliche Betriebe rentabel wirtschaften können. Einige BetriebsleiterInnen äußern aus diesem Grund den Wunsch zusätzliche Flächen ankaufen zu können, andere beginnen Flächen zu pachten. Generell kann der geschlossene Hof sein Versprechen eine Familie ernähren zu können, häufig nicht mehr einhalten.

Dieses Defizit betrifft auch die Versorgungsfunktion des Hofes gegenüber den Altbauern und -bäuerinnen sowie gegenüber den weichenden Miterben. Rechtlich gesehen hat der oder die HofübergeberIn die Möglichkeit, nach der Übergabe „Fruchtgenuss-, Gebrauchs- oder Wohnrecht, mit Dienstbarkeiten oder Reallasten" (Autonome Provinz Bozen 2001, 28 Nov.: Art. 20) gegenüber dem oder der ÜbernehmerIn geltend zu machen. D.h. die Altbauern und -bäuerinnen können einen Anteil am Ertrag des Hofes in Form von Wohnrechten, Versorgungs- und Pflegeleistungen oder auch Geldzahlung einbehalten. Die weichenden Miterben, die auf ihren Anteil des Hofes verzichten, sobald die Hofnachfolge feststeht, haben zudem ein Recht darauf, von dem oder der HofnachfolgerIn entschädigt zu werden. Die Entschädigungsleistung richtet sich beim Prinzip des geschlossenen Hofes nicht nach dem Gesamtwert des Hofes, sondern nach dem Wert eines durchschnittlichen Jahresertrags (Autonome Provinz Bozen 2001, 28 Nov.: Art. 20). Trotz des reduzierten Auszahlungsbetrages und trotz staatlicher Sozialleistungen und Pensionszahlungen werden die Verpflichtungen, die mit der Hofübernahme gegenüber den Eltern und Geschwistern gültig werden, in zunehmenden Maße erlassen, da sie eine zu starke Belastung für den oder die HofnachfolgerIn darstellen. Diese Tendenz zeigt einerseits die große Verbundenheit zum Hof seitens der Altbauern und -bäuerinnen sowie auch seitens der weichenden Miterben. Zum anderen verdeutlicht sie, dass tradierte Prinzipien unter dem ökonomischen Druck der Moderne aufweichen.

Die hohe Bedeutung der Tradition der Hofnachfolge hinsichtlich des Erhalts der Berghöfe kann durch die Interviews bestätigt werden (vgl. Kap. „Herleitung der Forschungshypothese"), denn die Hofnachfolgesituation stellt auch heute eine der größten Sorgen der Befragten dar. Die Hofübernahme ist ein einschneidender Wendepunkt im Leben eines jeden Bergbauern und einer jeden Bergbäuerin, sowohl in der Rolle der Hofübergebenden als auch der Hofübernehmenden. Gleichzeitig ging aus den Aussagen der InterviewpartnerInnen eine innere Zerrissenheit hinsichtlich der Hofübergabe und Hofübernahme hervor. Diese spiegelt sich in der Aussage wider, „die Hofübernahme müsse auf einer freiwilligen Entscheidung basieren." Der innere Konflikt, der mit den Gedanken der Hofübergabe/-übernahme einhergeht, wird für Außenstehende erst fassbar, wenn der gesamte Deutungshorizont der Hofweitergabe bedacht wird. Bourdieu (1997: 460ff) zeigt am Beispiel französischer Bauern und Bäuerinnen, dass die Ablehnung des Erbes durch den Erben für die Altbauern und -bäuerinnen einen großen Identitätsverlust oder, in Bourdieus (1997: 461) Worten ausgedrückt, „den Tod" bedeutet. Im Falle der Hofstilllegung würde ihr traditionelles Leben rückwirkend ad absurdum geführt, denn schon die Entscheidung der Altbauern und -bäuerinnen für den Hof habe nicht auf einer rational-ökonomischen Logik beruht. Stattdessen leitete sie der Gedanke den Hof zu übernehmen, um ihn in alter Tradition an die nachfolgende Generation weiterzugeben.

Die Weiterführung des Hofes durch den oder die NachfolgerIn bedeutet daher ein Stück der Identität des Altbauers und der Altbäuerin zu sichern und ist gleichwohl in der Hoffnung begründet, dass auch die eigene Identität mit dem Hof weiterexistieren wird. Mit diesem Wissen wird verständlich, dass sich sowohl die Hoferben als auch die Eltern in einem Dilemma befinden. Wenn sie den Kindern zur Hofübernahme raten, gefährden sie diese, dieselbe Präkarität und Arbeitsintensität akzeptieren zu müssen, die auch schon ihr eigenes Leben prägte. Oder aber der Hof wird stillgelegt, wodurch in erster Linie die Identität der Altbauern und -bäuerinnen verloren ginge. In zweiter Linie würde aber auch ein bedeutender Teil der Identität der potenziellen HofnachfolgerInnen sterben, denn auch sie sind durch das Heranwachsen am Hof aufs Engste mit ihm verbunden.

Insgesamt zeigt sich, dass die Bergbauernfamilien weiterhin eine enge emotionale Verbindung zum Hof kennzeichnet. Diese veranlasst sie den Hof entgegen ökonomisch-rationaler Logik zu erhalten und somit auch eine finanzielle Abhängigkeit zu akzeptieren. Der hohe finanzielle Druck auf die BetriebsleiterInnen führt jedoch dazu, dass die Handlungsprinzipien, die mit dem geschlossenen Hof einhergehen, erodieren. Gleichermaßen stellt auch die Hofübernahme an sich keine Selbstverständlichkeit mehr dar.

Heimat
Ein weiteres Motiv, das im Zusammenhang mit dem Verbleib am Berg genannt wurde, ist die Heimatverbundenheit der Befragten:
> *Die Verbundenheit mit der Heimat ist der Hauptgrund hierzubleiben und natürlich für Verzicht, materiellen Verzicht. Aber Materielles hat einen geringeren Wert als Heimat, Tradition, Hof, Stolz auf den Hof und sich selbst etwas aufzubauen.* (Herr A)

Ähnlich der Aussage des Bauern A, begründen die Hs und Frau E die Hofübernahme bzw. den Erhalt des Hofes damit, dass der Hof ihre Heimat sei. Hinsichtlich des Erhalts der Höfe wurde es negativ hervorgehoben, wenn die Eltern der Befragten den Hof nicht gepflegt hatten. Frau D z.B. beschrieb, dass der Stall bei der Hofübernahme in einem sehr schlechten Zustand gewesen sei und ihr Schwiegervater zu wenig in die Substanz des Hofes investiert habe. Andererseits lobte Bauer A, seine Eltern hätten regelmäßig in die Substanz des Hofes investiert und zum richtigen Zeitpunkt ein Gasthaus gebaut, um vom Tourismus profitierten zu können. Dazu passt, dass Bauer B als Ziel formulierte, den Hof bis zur Übergabe stetig verbessern zu wollen. Den Rest überlasse er dann seinem Sohn. Ebenfalls wurde es betont, wenn der Hof sich schon sehr lange im Besitz einer Familie befand. Herr A erklärte, sein Hof habe schon Erbhofstatus, dies bedeute, er werde schon seit über 200 Jahren durch seine Familie bewirtschaftet. Weiterhin fiel auf, dass die Befragten andere Bergbauern und -bäuerinnen aus der eigenen oder anderen Fraktionen manchmal beim Namen der Höfe nannten, anstatt den offiziellen Vornamen zu benutzen (u.a. Frau B; Ehepaar H).

Heimat ist nach Buchwald (1984: 42ff) sowohl ein Gefühl als auch ein subjektiver Interpretationsgegenstand. Als solche bezieht sie sich im Allgemeinen auf zwei Komponenten, die menschliche und die landschaftliche Umwelt. Erstere soll im Weiteren als **soziokulturelle Umwelt** betrachtet werden.

Bei einem Treffen berichteten die Bauern A und J, es sei wichtig zu verstehen, dass die Partnerschaft oder Ehe heute nicht mehr unter dem praktischen

Aspekt der Arbeitsteilung auf dem Hof betrachtet werden dürfe. Stattdessen müsse die Beziehung gepflegt und Zugeständnisse in Bezug auf moderne Werte wie Urlaub oder Freizeit gemacht werden. Bauer H deutete an, dass er diesen Wandel erst schmerzlich hat lernen müssen, seine erste Ehe sei daran gescheitert. Derweil äußerte sich Bauer A glücklich darüber, dass seine Frau den Wert vom bescheidenen Leben auf dem Hof teile. Sie habe zunächst Bedenken gehabt, aber nachdem sie sich auf dem Hof eingelebt habe, verstehe sie, dass die Arbeit dort weniger Stress bereite als ein Bürojob und Urlaub daher eine geringere Bedeutung habe. Trotzdem nähmen sich die As immer wieder kleinere Auszeiten von der Arbeit, um etwas zusammen zu unternehmen und auch ihre Beziehung zu leben (FT). Die glückliche Lage von Herr A wird durch die Aussage von Frau F bestärkt. Sie verlautete, es würde schwer werden für die jungen Bauern eine Frau im Dorf zu finden, die bereit sei, die harte Arbeit und die Verpflichtungen am Hof zu tragen. Dabei bezieht sie sich auf den Sohn, der die Hofnachfolge antreten wird. Die anderen drei Söhne, so schildert sie in einem Atemzug, hätten weniger Interesse, den Hof weiterzuführen (Frau F).

Neben dem Problem der Partnersuche wird gerade von den jüngeren Befragten in Vellau das finanzielle Problem der Familiengründung angesprochen. Die Hs erklären, viele Bergbauerfamilien entschieden sich heute dafür, auf Grund der schlechten finanziellen Lage am Berg, nur ein Kind zu bekommen. Die objektive Betrachtung zeigt, dass insgesamt 4 der 10 interviewten Familien (Herr C; Frau E; Ehepaar H; Herr J) ein Kind hatten. Dennoch lag die durchschnittliche Kinderzahl in den befragten Bergbauernfamilien mit zwei Kindern pro Familie über dem nationalen Durchschnitt. Darüber hinaus gaben die Hs an, dass die Bindung innerhalb der Familienmitglieder auf dem Hof sehr eng sei.

Insgesamt, berichtete Bäuerin D, lebten heute viel weniger Leute auf den Höfen als früher, da der Hof heute weniger Menschen ernähren könne. Diese Entwicklung habe Konsequenzen in Bezug auf den Erhalt bäuerlicher Bräuche, Sitten und Feste. Dort, wo die Eltern noch auf den Höfen lebten oder die BetriebsleiterInnen selbst schon alt seien, würden die traditionellen bäuerlichen Erzeugnisse, Brot, Saft und Speck noch selbst hergestellt. Junge Betriebsleiterpaare, die häufig bei der Arbeit seien, wie die Hs selbst, hätten jedoch keine Zeit sich der Herstellung dieser Produkte zu widmen. Eine Ausnahme bildeten Betriebe mit Direktvermarktung oder einem Schankbetrieb (Frau B; Herr A; Herr J).

Die Bedeutung, die die **landschaftliche Umwelt** für die Befragten hat, liegt den Interviews vor allem implizit zu Grunde. Die folgenden Äußerungen geben einen Eindruck davon, wie die Befragten ihre landschaftliche Umwelt charakterisierten: *„Die Freude am Berg, die Natur, die Ruhe, hier geht einem keiner auf die Nerven* (Frau F)", die Schönheit des gepflegten Landschaftsbildes (Frau D) und der alten Höfe (Frau B), die Faszination am Berg zu leben (Ehepaar H), *„die gute Wohn- und Lebensqualität* (Herr A)", die Naturbelassenheit der Produkte (Frau D), das „freie Leben" oben am Berg (Ehepaar H). Neben diesen positiven Empfindungen, gibt Bauer J zu bedenken, dass die Berge auch deprimieren könnten. Gerade wenn man in einem engen Tal wohne, wo es nicht so eine weite Aussicht gäbe wie in Vellau oder wenn sich der Hof am Nordhang befände, der häufig im Schatten liege (FT).

Das Bewusstsein für die Pflege der Landschaft betrachtet Frau D als eigene Qualität. Es äußert sich auch im Umgang mit den Tieren. Bauer J zum Beispiel könnte keinen Massenbetrieb führen. Er erklärt, seine Kühe würden zehn bis elf Jahre alt bevor sie geschlachtet würden und kalbten durchschnittlich acht Mal. Die Kühe in der industriellen Landwirtschaft würden dagegen häufig schon nach der zweiten Laktatperiode geschlachtet (FT). Im Alltag zeigte sich eine große Verbundenheit der Bauern und Bäuerinnen zu ihren Tieren, insbesondere zu den Kühen und Haustieren. Als eine Wanderin Bauer J mitteilt, die Kühe seien gar nicht so blöd, wie sie gedacht habe, erklärt er verärgert, man dürfe einem Bauer nicht sagen, Kühe seien blöd. Im Unterschied zu den Schweinen trügen die Kühe der Bergbauern sogar Namen (FT). Die Hs äußern in Bezug auf die Tiere, der Hund und das Vieh gäben viel zurück von der Arbeit, die sie bereiten (Ehepaar H).

Nicht nur sie selbst, auch ihre Kinder, so erklären die Hs und Herr J (FT), haben ein ökologisches Bewusstsein, da sie in der Natur aufwachsen. Darüber hinaus entfalteten sie durch das Spielen in und mit der Natur eine besondere Kreativität und Ausgeglichenheit und könnten sich in der Schule besser konzentrieren. Implizit drücken die Hs und J ihren Stolz über diese Fähigkeit ihrer Kinder aus.

Weitere Beobachtungen und Aussagen spiegeln Moralvorstellungen und Gewohnheiten wider, die die Pflege und Bewirtschaftung der Landschaft betreffen. So erklären die Hs: *„Dass man den Hof ordentlich pflegt und bewirtschaftet gehört sich einfach so."* Auch Herr J erklärt beim Aufsammeln der fauligen Heureste auf den Wegen unterhalb seiner Wiesen, man könne diese Überreste nicht einfach liegen lassen, da man auch etwas für die Optik der Landschaft tun müsse (FT). Ein anderes Beispiel wird an der Äußerung von Frau B deutlich, die darauf hinweist, dass man einen Weinacker nicht betreibe, wenn man keine Ahnung davon habe (Frau B). Wie Bauer A zeigte, bedeutet diese Einstellung nicht, niemals neue Bewirtschaftungsarten, wie z.B. Mutterkuhhaltung statt Milchproduktion, ausprobieren zu können. Es bedeute jedoch, bei allen Neuerungen nicht zu viele Schritte auf einmal zu unternehmen und langfristig zu planen, sodass alles zu schaffen ist. Herr J, der mit dem Aufbau einer Käserei ebenfalls neue Wege einschlug, erläuterte, er verdiene nun mit der Käserei sein Geld. Dennoch würde er unruhig, wenn er bei gutem Wetter in der Käserei stehen müsse und nicht raus auf Feld gehen könne, um zu mähen (FT).

Hinsichtlich der Bedeutung der Nachhaltigkeit für die Arbeit an der Natur, antwortete Bauer B, dies spiele keine Rolle. Er mache die Arbeit am Hof für sich selbst ordentlich, da er sich davon ein höheres Einkommen verspricht und nicht für andere Leute. Dennoch sei ihm ein Lob der Leute lieber als Schimpfen. Bauer A ergänzt, indem er in Bezug auf die Nachhaltigkeit der bäuerlichen Wirtschaftsweise erklärte: *„Die lebt man. Das ist einem weniger bewusst. Man ruft es sich aber wieder ins Bewusstsein in schwierigen Zeiten."* (Bauer A)

Gleichzeitig wird an der Aussage von Bäuerin D implizit deutlich, dass sie ein schlechtes Gewissen plagt, da sie und ihr Mann es zeitlich nicht mehr schaffen, auch die steilsten Hänge regelmäßig zu mähen. Bauer I erklärte dagegen recht offensiv, „*[dass] die steilen Hänge schön aussehen, interessiert mich wenig.*" Sie sähen für die anderen Leute schön aus aber er selbst bekäme nichts dafür. Wenn er mehr Beiträge bekäme, würde er es sich nochmal überlegen, so wolle er nichts Unrentables bewirtschaftet, denn er sei allein, die Frau arbeite im Krankenhaus (Herr I).

Interpretation
Heimat ist nach Buchwald (1984: 53) zu verstehen als „menschliche wie landschaftliche Umwelt, an die wir uns rational wie emotional gebunden fühlen, die Identität gibt." Beide Komponenten der Heimat, die menschliche und die landschaftliche, sind eng miteinander verknüpft, denn soziale Erfahrungen werden stets im Zusammenhang mit dem Raum erinnert (Buchwald 1984: 42). Der Ursprung des Wunsches nach Heimat liege, laut Buchwald, in den grundlegenden psychologischen Bedürfnissen des Menschen nach „Identität, Stimulierung und Sicherheit" (Buchwald 1984: 45).

Als Wert wurde Heimat erst im 19. Jahrhundert konstruiert, als die Abwanderung in die Unübersichtlichkeit der Städte den Wert der dörflichen Geborgenheit erfahrbar machte. Die dörfliche Heimat galt zunächst als Ideal neben der städtischen Fremde (Buchwald 1984: 34f). In der mobilen Gesellschaft der Gegenwart gehört es zur Normalität, neben der Geburtsheimat in der Stadt oder auf dem Land, eine oder mehrere Walheimaten zu haben (Buchwald 1984: 41f). Damit sich eine soziokulturelle und landschaftliche Umwelt heimatlich „anfühlt", bedarf es ihrer aktiven Aneignung und Gestaltung. Heimatgefühl bedeute daher auch Verantwortung für die eigene Heimat zu übernehmen (Müller 2012: 152ff).

Der Hof stellt für die Bergbauern und -bäuerinnen den Ort dar, an dem sich die soziokulturelle und landschaftliche Umwelt auf kleinster Ebene vereinen. An diesem Ort kennen sie sich aus, er gibt ihnen und ihren Familien Inspiration, Ruhe, eine emotionale Sicherheit und die Gewissheit, wer sie sind und wo sie hingehören. Wenn die Bergbauern und -bäuerinnen von der Weiterführung ihres Hofes sprechen, geht es also letztlich auch um die Befriedigung des psychologischen Bedürfnisses nach Heimat.

Der Erhalt dieser Heimat wird durch ein weiteres Handlungsprinzip reglementiert. Es besagt, dass die Substanz des Hofes bei der Hofübergabe an die nachfolgende Generation in einem mindestens gleichwertigen Zustand sein muss wie bei Antritt des Erbes. Der Grundsatz des Substanzerhalts bildet einen Generationenvertrag, der es auch der nachfolgenden Generation ermöglichen soll, vom Hof leben zu können (Bätzing 2015: 120). Als Anspruch an das eigene Dasein ist es in den Köpfen der Befragten verankert. Dies wurde einerseits an Aussagen deutlich, die die Befragten in Bezug auf ihre eigene Lebensplanung machten. Andererseits stellt die Einhaltung des Prinzips ein wichtiges

Kriterium für die Anerkennung der Eltern oder Schwiegereltern dar. Mit dem Anspruch des Substanzerhalts geht das Bewusstsein einher, dass der Hof nicht das alleinige Eigentum des Erben darstellt, sondern das Eigentum aller Familien, die den Hof bewirtschaftet haben und noch bewirtschaften werden. Diese Haltung zum Hof wird dadurch unterstrichen, dass die Bauern und Bäuerinnen im nachbarschaftlichen Umgang traditionell mit dem charakteristischen „Hausnamen" des Hofes angesprochen wurden und noch immer werden. Dies zeigt, dass sich der Hof weniger im Besitz der Familie befindet, als vielmehr die Familie zum Hof gehört (Girtler 2012: 156). Die kulturellen Verpflichtungen gegenüber dem Hof formen das Verhalten der Bauern und Bäuerinnen und wirken seiner Ausbeutung entgegen (Bätzing 2015: 120).

Der Erhalt der Fundamente des Heimatgefühls ist verschiedentlichen Bedrohungen ausgesetzt. In Bezug auf das soziale Umfeld ist das Bild von Familie und Hof fest in der Vorstellung der Befragten verankert. Die Bereitschaft zur Übernahme des Hofes wird jedoch bei den jüngeren Bergbauern und -bäuerinnen mit der Angst begleitet keine/n PartnerIn zu finden, der/die das Leben am Berg mitträgt. Verschiedene Hindernisse wurden in Hinblick auf die Partnersuche identifiziert:

- die harte Arbeit am Berg,
- zahlreiche Entbehrungen materieller Art und hinsichtlich der Freizeitgestaltung,
- die Verpflichtungen, die der geschlossene Hof gegenüber den Schwiegereltern mit sich bringt (vgl. Unterkap. „Hof"),
- die Probleme, die das enge Zusammenleben verschiedener Generationen unter einem Dach verursachen kann (vgl. Unterkap. „Hof").

Wenn sich trotz dieser Hürden ein oder eine PartnerIn findet, entscheiden sich die Paare aus finanziellen und organisatorischen Gründen vermehrt dazu, lediglich ein Kind zu bekommen. Obwohl der Hof als bester Wohnort der Familie betrachtet wird (vgl. Unterkap. „Gut Leben"), stellt er daher heute keine Garantie für eine Familiengründung dar. Der Wunsch eine Familie gründen zu wollen, kann aus diesem Grund sowohl den Anstoß dafür geben, den Hof nicht zu übernehmen, als auch am Berg zu bleiben bzw. dorthin zurückzukehren.

Finanzielle Knappheit und der Anspruch auf Privatheit veranlassen einige Bergbauern und -bäuerinnen heute dazu, das Konzept des Mehrgenerationenwohnens auf den Höfen aufzugeben (vgl. Unterkap. „Hof"). Diese Entwicklung hat weitreichende Folgen für das sozio-kulturelle Leben am Berg. Durch die verringerte Kinderzahl und den Wegzug der Altbauern und -bäuerinnen (vgl. Unterkap. „Hof") gehen wertvolle Arbeitskräfte am Hof verloren. Wenn beide Eltern noch dazu berufstätig sind oder ein Partner allein alle Arbeit am Hof erledigen muss, bleibt weniger Zeit für das sozio-kulturelle Leben am Hof und in der Gemeinde. Darunter leiden sowohl häusliche Traditionen, wie die Produktion von Säften, Brot und Speck, als auch die sogenannte Aktiv-Kultur im Ort, d.h. Bräuche, Feste und Vereine. In Kapitel „Territoriale Einheit" werden diese noch ausführlich dargestellt.

Hinsichtlich der landschaftlichen Komponente der Heimat ist zunächst zu betonen, dass die Bergbauern und -bäuerinnen durch ihre wirtschaftlichen Tätigkeiten eine besondere Verantwortung für den Erhalt und die Gestaltung „ihrer" Landschaft übernehmen. Darüber hinaus ist die Südtiroler Landschaft geprägt von einer Vielzahl naturräumlicher Gegensätze, wie z.B. der Unterschied mediterraner Täler und alpiner Berggipfel (Messner 2006: 125) und den unterschiedlichen Einflüssen der sogenannten romanischen und germanischen Berglandwirtschaft. Diese spiegeln sich in einer Vielfalt an Siedlungs- und Architekturformen sowie verschiedenen Formen der landwirtschaftlichen Nutzung wider (Holtkamp 2015: 4ff). Laut Buchwald (1984: 42) wird die Landschaft als Erlebnisträger umso intensiver und dauerhafter erinnert, desto vielfältiger sie ist. Gleichzeitig ist auch ihr Heimatcharakter umso stärker, desto unverwechselbarer ihre Bilder und Strukturen sind (Buchwald 1984: 42). Der Heimatcharakter der Südtiroler Landschaft ist aus diesen Gründen besonders groß.

Das Privileg, die Umwelt selbstverantwortlich gestalten zu können, wurde dem Bauernstand mit den Tiroler Freiheiten schon im Mittelalter offiziell übertragen (vgl. Unterkap. „Freiheit"). Die übermittelten Bewirtschaftungsprinzipien, die viele Generationen von Bergbauernfamilien in „trial-and-error" Verfahren ausbildeten (Messerli 1989: 10), konkretisieren sich bis heute in einer Vielzahl verinnerlichter Traditionen und Moralvorstellungen (Bätzing 2015: 121). Die Einhaltung dieser ungeschriebenen Gesetze empfinden die Befragten als „ordentliche Arbeit" an der Natur. Darüber hinaus stellt sie das Versprechen auf ein höheres Einkommen dar. Der ideologische Aspekt der Nachhaltigkeit spielt dagegen keine Rolle als Handlungsmaxime, vielmehr wird er mit der Einhaltung der Bewirtschaftungsprinzipien gelebt. Bätzing (2015: 110) beschreibt diese Art zu wirtschaften als „an der Reproduktion orientierte Produktion". Sie charakterisiere den Inbegriff der Nachhaltigkeit, da der Aspekt der Reproduktion im Leben und Wirtschaften der Bergbauern und -bäuerinnen integriert sei.

Die Einhaltung der Bewirtschaftungsprinzipien basiert heute jedoch nicht mehr auf einer existentiellen Abhängigkeit von der Natur, sondern vor allem auf der emotionalen Abhängigkeit von der Landschaft als Heimat. Obwohl viele Aussagen darauf hindeuten, dass die Befragten ihr Denken und Handeln weiterhin an tradierten, ökologischen Bewirtschaftungsprinzipien orientieren, sind auch hier Einschränkungen ökonomischen Charakters zu verzeichnen. Arbeitsaufwand, Ertrag und Opportunitätskosten werden auch bei den Bergbauern und -bäuerinnen abgewogen. Dadurch geht die Bewirtschaftung der Grenzertragsflächen heute zurück, auch wenn dies ein schlechtes Gewissen bei einigen Bauern und Bäuerinnen auslöst. Insgesamt fließen in die Kosten-Nutzenrechnung der Bergbauern und –bäuerinnen, neben den ökonomischen Kriterien, auch die Werte „Heimat", „Freiheit", „Hof" und „gut Leben" ein. Ohne diese Werte, wäre die Aufrechterhaltung der Höfe heute nicht zu rechtfertigen. Als einziger der beschriebenen Werte, wurde „Heimat" nicht in der Vormoderne sondern im 19. Jh. konstruiert. Der Wert der Heimat drang im Rahmen moderner Entwicklungen ins Bewusstsein des Menschen und ist vielleicht gerade deshalb der stärkste Beweggrund für den Verbleib am Berg.

Zusammenfassend kann die starke Verbundenheit der Bergbauern mit ihrer Geburtsheimat auf die folgenden Gegebenheiten zurückgeführt werden:
- die familiäre Bindung durch das enge Zusammenleben am geschlossenen Hof,
- die emotionale Bindung der Familie an den geschlossenen Hof,
- die außergewöhnliche Vielfältigkeit Südtirols Kulturlandschaft,
- die Verantwortung, die die Bergbauern und -bäuerinnen für die Aufrechterhaltung der soziokulturellen und landschaftlichen Umwelt übernehmen,
- das Privileg, in Zeiten hoher Mobilität eine feste Heimat zu besitzen.

Welche Rolle die Nachbarschaftsgemeinschaft für den Wert der Heimat spielt, wird in Kapitel „Gemeinschaft am Berg " ausführlich diskutiert.

Abgrenzung
Die kollektive Identifizierung der Mitglieder einer Gemeinschaft impliziert, neben den Gefühlen der Zugehörigkeit, die Abgrenzung von anderen Gruppen und Individuen. Letztere wird durch zwei Arten von Aussagen und Beobachtungen erkenntlich. Eine Form drückt aus, dass Funktionen der Gemeinschaft Überlegenheitsgefühle gegenüber anderen Gruppen und Individuen hervorrufen. Die zweite Form beruht auf der Höherstellung der eigenen Gruppe durch die Stigmatisierung anderer Gruppen und Individuen (vgl. Unterkap. „Kollektive Identität als organisch-gemeinschaftliche Vernunft").

Häufig grenzen sich die Befragten von anderen landwirtschaftlichen Berufsgruppen, insbesondere **„die Obstbauer"**, ab. Sie würden im Vergleich zu den Bergbauern und -bäuerinnen nicht geschätzt, da sie steuerliche Vorteile nutzen und die Landschaft durch Pestizide verpesten. Gegen die Ausweitung der Plantagen protestierten die Gemeinden, dennoch würden die Bergbauern von den Obstbauern verdrängt (Herr A; Frau E). Die Bergbauern dagegen erhielten die Höfe (Herr A). Ähnlich betonte Bauer J, dass die Bergbauern im Vergleich zu den Obstbauern viel weniger Wasser verbrauchten. Die Obstbetriebe pumpten im Tal teilweise das Grundwasser an. Die **„Grünlandbauern im Flachland"** dagegen hätten gar keine Möglichkeit zu bewässern, dies sei ein Privileg des Berges, da es hier Bewässerungssysteme gäbe, die unter Eigendruck funktionieren (FT). Gleichzeitig erkannte Bauer J an, dass die Obstbauern im Vergleich zu den Bergbauern und -bäuerinnen viel besser organisiert seien und stärkere genossenschaftliche Strukturen hätten (FT). Insgesamt wird von mehreren Befragten die Meinung vertreten, die Obstbauern erwirtschafteten ein höheres Einkommen bei geringerer Arbeit und mehr Privilegien, wie Urlaub, Angestellte und Unterstützung vom Staat (Ehepaar H; Frau E). Neben „den Obstbauern" und „den Grünlandbauern" bringt Bauer J eine dritte Unterkategorie der Landwirtschaft zur Sprache, die **„industrielle Landwirtschaft"**. Von dieser grenzt er die Bergbauernbetriebe ab, indem er ihr die guten Haltungsbedingungen der Tiere am Berg gegenüberstellt. Dennoch käme es auch am Berg vor, dass die Kühe nur im Stall gehalten würden (FT). Neben der Distanzierung zu den landwirtschaftlichen Gruppen, erfolgt häufig eine Abgrenzung zur Lebens- und Arbeitswelt „unten". Bauer I erläuterte, die Arbeit für ihn als Schichtführer sei sehr unbefriedigend gewesen. Am Hof wisse er, was er am Abend geschafft habe. Das habe er vorher vermisst (Herr I). Die jungen Städter, so Bauer J (FT), seien es nicht gewohnt hart zu arbeiten. Wenn sie im Sommer auf der Alm helfen und dort 15-16 Stunden am Tag arbeiten müssen, könne man Ihnen die Anstrengung körperlich ansehen.

Im Gegensatz zur Stadt und der Dorfgemeinschaft wird der Hof als qualitativ hochwertiger Wohnort wahrgenommen. Dieser zeichnet sich durch viel Ruhe und die Freiheit von Stress aus (Herr A; Frau F). Für die Hs bedeute daher Urlaub, wenn sie 14 Tage nicht ins Tal fahren müssen. Mit der Stadt und der Dorfgemeinde assoziierten sie darüber hinaus ein Leben in Enge und Angepasstheit, das von vielen Regeln bestimmt wird (Ehepaar H). Andersherum erläuterte Bauer J, gäbe es auch am Berg schon so viele Regeln, dass ihm das Leben im Tal freier vorkäme. Er und Bauer J grenzen die Stadt vom Land bzw. vom Bauernstand im Allgemeinen über die Aspekte der Kultur und der Traditionen ab. Herr B betont, die Bauern bildeten die *„kulturelle Säule Südtirols"* (Herr B) und übernähmen eine wichtige Funktion für die freiwillige Feuerwehr, da sie schneller von den Feldern kommen könnten als ein Arbeiter in Bozen (Herr B). Gleichzeitig nimmt Bauer B aus Vellau einen Verfall der Traditionen zur Kenntnis und begründet diesen mit der Nähe zu städtischen Gebieten.

Hinsichtlich der Lebenseinstellung wurde vor allem **„der Mensch"** oder die Leute im Allgemeinen genannt: *„Der Mensch müsse lernen mit wenig zufrieden zu sein. Das Leben ist mit wenig lebenswert."* (Herr B) *„Wenn einmal die Krise kommt, dann werden die Leute verstehen, dass man Geld nicht essen kann."* (Ehepaar H) Auffällig erschien in diesem Zusammenhang eine Bemerkung seitens Bauer J (FT) über Bäuerin B, die auf dem Nachbarhof lebt. Sie sei Münchenerin, das ganze Geld zur Renovierung des Hofes käme aus der Stadt. Gleichzeitig erklärte Frau B, wie viel sie gearbeitet habe, um das Gasthaus aufzubauen. Als sie Bauer B geheiratet habe, hätten alle gedacht, sie bleibe niemals, doch sie haben sich geirrt (Frau B).

Eine weitere Kategorie stellen **„die Italiener"** in Südtirol dar. Sie würden langsam verstehen, dass die Südtiroler Autonomie ein Vorteil sei (Herr A). Bäuerin B erklärte, die Italiener könnten nicht arbeiten. Nach dem Brand auf ihrem Hof hätten sie freiwillige Helfer aus Italien gehabt, die hätten aber nur Pause gemacht und nur Urlaub machen wollen.

Einige Befragte z.B. Frau D; Ehepaar H grenzten sich durch Stigmatisierung von weiteren Gruppierungen ab. Die Ursache für den Schwund der Traditionen und traditionellen Feste und Bräuche am Berg liege darin, dass viele **„Ausländer"** nach Südtirol zögen. Dabei stehen Ausländer mit nichtchristlicher Religionszugehörigkeit im Fokus. Es sei ungerecht, dass für diese Ausländer Moscheen gebaut werden, während die Deutschen gezwungen würden auf ihre Traditionen zu verzichten. Gleichzeitig wurden aber auch Beschwerden über Politiker geäußert, die insbesondere die Muslime unterstützten und die Landsleute, die Bergbauern und -bäuerinnen, vernachlässigten. Die Ausländer integrierten sich nicht und kauften auch keine Südtiroler Produkte, weshalb im ganzen Land Unzufriedenheit herrschte. Eine Gesprächspartnerin aus der teilnehmenden Forschung erklärte darüber hinaus, auf Grund der Ausländer würden die Bergbauern und -bäuerinnen kaum mehr Nebenerwerbsstellen finden. Die Migranten seien unqualifiziert aber billig und würden von den Hotels und Gasthäusern daher bevorzugt eingestellt. Sie selbst habe daher einen sehr weiten Arbeitsweg (FT).

Interpretation
Im vorangehenden Kapitel „Zugehörigkeit" wurden vier kollektive Werte identifiziert, die von den Bergbauern und -bäuerinnen im Tabland und in Vellau im Zusammenhang mit dem Erhalt der Berghöfe benannt wurden. Sie bilden die Basis der kollektiven Identifizierung mit dem Bergbauerndasein (vgl. Unterkap. „Kollektive Identität als organisch-gemeinschaftliche Vernunft"). Die Zugehörigkeitsgefühle der Befragten, die auf der Identifikation mit diesen Werten und ihren Handlungsprinzipien basieren, wurden bereits analysiert. Die obigen Aussagen zeigen, dass sich die Befragten über die funktionale Dimension jener Werte von verschiedenen Gruppen abgrenzen.

Durch die Einhaltung der tradierten Bewirtschaftungsprinzipien sichern die Bergbauern und -bäuerinnen den langfristigen Erhalt der Kulturlandschaft. Diese Funktion setzten sie insbesondere zur Höherstellung der eigenen Gruppe gegenüber der Gruppe „die Obstbauern" ein. Dabei bezogen sie sich sowohl auf ihre Rolle für den Erhalt der kulturellen als auch der natürlichen Komponente der Kulturlandschaft. Darüber hinaus wurden insbesondere die Umweltverträglichkeit ihrer Wirtschaftsweise, die Natürlichkeit der bergbäuerlichen Erzeugnisse und die ethische Tierhaltung als Abgrenzungsmerkmale gegenüber den Grünlandbauern im Flachland und der industriellen Landwirtschaft herangezogen.

Die Obstbauernbetriebe stellen die Gruppe dar, die den Bergbauern und -bäuerinnen selbst am meisten ähnelt. Darüber hinaus stehen sie am Übergang zwischen Berg und Tal in Flächenkonkurrenz zueinander. Frederik Barth (1998: 9ff) zufolge ist Abgrenzung von kulturell ähnlichen Nachbargruppen besonders wichtig, da sie die Integrität der eigenen Gruppen gefährden. Die Aufrechterhaltung dieser Integrität erfolge über diskrete, kulturelle Gruppenmerkmale, die den Tod der einzelnen Gruppenmitglieder überdauerten, räumliche Differenzierungen spielten dagegen eine untergeordnete Rolle. Es zeigt sich, dass auch die Abgrenzung der Bergbauern und –bäuerinnen, obwohl eine natürliche Trennung nach Höhenlage besteht, durch die generationenübergreifende Einhaltung der Bewirtschaftungsprinzipien erfolgt. Die Aufrechterhaltung dieser Prinzipien leidet jedoch unter dem ökonomischen Druck der Moderne, sodass sich auch ihr Abgrenzungspotenzial vermindert. Gleichzeitig gewinnen diejenige Merkmale an

Attraktivität, die mit den Obstbauern und -bäuerinnen in Verbindung gebracht werden, wie finanzielle Sicherheit, Urlaub und ein geringeres Arbeitspensum.

Eine weitere Abgrenzung erfolgt von der Stadt und der Gemeinde „unten" im Tal. Von der Welt im Tal distanzieren sie sich über den Hof. Das Leben und Arbeiten dort symbolisiert, im Gegensatz zum hektischen, unfreien und angepassten Leben im Tal, Ruhe, Freiheit, Tradition und Solidarität in Notfällen, wie einem Hausbrand. Die Nähe der Stadt und die Gesellschaft im Allgemeinen werden als Bedrohung dieser Lebenswelt wahrgenommen, da sie den Rückgang der Tradition und die Übertragung der Bürokratie auf den Berg bewirkten. Auf Grund der steigenden Bürokratie in der Landwirtschaft und dem Rückgang der Tradition in den Bergweilern wird jedoch auch die Abgrenzung zu den Städten und Gemeinden erschwert. Der Schritt in das Leben im urbanen Umfeld erscheint daher nicht mehr so groß und kann sogar attraktiv sein.

Eng verbunden mit den Städten und Gemeinden im Tal ist die „Mehrheitsgesellschaft", von der sich die Befragten durch ihre Lebenseinstellung abgrenzen. Während „die Leute" als Kapitalisten dargestellt werden, die den Bezug zum Wesentlichen verloren haben, nehmen sich die Befragten als Stimme der Vernunft wahr. Sie preisen das gute Leben in Bescheidenheit mit Fleiß und dem Fokus auf das Wesentliche. Damit entsprechen die Bergbauern und -bäuerinnen einer Theorie Sennetts (2006: 190f), nach der das „Wir" in der modernen Weltordnung zu einem „Akt des Selbstschutzes" geworden sei. In dieser Hinsicht ist die Abgrenzung der Bergbauern und -bäuerinnen zu verstehen als Verteidigung gegen die „Welt da draußen". Diese Welt stellt eine energische Form des Kapitalismus dar, der ihre Lebensordnung jedoch schon längst mitbestimmt. Die Integrität der Gruppe geht dennoch so weit, als dass Frau B, die ursprünglich eine Städterin ist, nach vielen Jahren der Ehe auf einem Vellauer Berghof von den Nachbarn noch immer als solche wahrgenommen wird. Gleichzeitig versucht Frau B, indem sie betont, wie hart sie all die Jahre gearbeitet habe, ihre Zugehörigkeit zur Gruppe zu symbolisieren. Darüber hinaus bedient sie sich eines alten Feindbildes, den Italienern. Auch durch die Abwertung dieser Gruppe, kann sie ihre Zugehörigkeit zu den Bergbauern und -bäuerinnen bestärken.

Die Abgrenzung gegen die Welt draußen stellt eine Mauer gegen Verwirrung und Entwurzelung dar. Da Abgrenzung auf Grundlage der Funktionen heute zunehmend schwerer wird, bedienen sich einige Befragte einer anderen Form, der Stigmatisierung anderer Gruppen. Insbesondere die sozial schwächeren Migranten werden für den Verlust von Traditionen, den Mangel an Arbeitsplätzen und die generell unsichere Lage der Bergbauern und -bäuerinnen verantwortlich gemacht. Wie ein großer Vertrauensbruch erscheint es da, wenn die PolitikerInnen sich für die Migranten engagieren. Diese werden daher von einigen Befragten mitverantwortlich gemacht für die Unsicherheit des bergbäuerlichen Daseins. Insgesamt sind die Stigmatisierungen gegen Italiener, Migranten und Politiker der Ausdruck einer, mithin verzweifelten, Unsicherheit einiger Befragten, was die Fortführung der Höfe und mit ihnen die Aufrechterhaltung der eigenen Identität angeht. Diese Tendenzen betreffen nicht allein die Bergbauern und -bäuerinnen in Vellau und dem Tabland. Weitere Studien, unter anderem Fliege (1989: 270) und Bourdieu (1997: 459), berichten von rassistischen Äußerungen seitens Bauern und Bäuerinnen als Ausdruck von Marginalisierung und Unsicherheit.

Gemeinschaft am Berg

Wie in Kapitel „Kollektive Identität der Bergbauern und -bäuerinnen" deutlich wurde, bezieht sich das Kollektivbewusstsein und die kollektive Identifizierung der Befragten auf die Mitglieder der Hofgemeinschaften, die Höfe in den jeweiligen Ortsteilen oder die Bergbauern und -bäuerinnen im Allgemeinen. Der Träger kollektiver Identität ist die Gemeinschaft. Als einzige aller Formen der Vergesellschaftung kann sie Sehnsüchte, die das Individuum mit der Zugehörigkeit zu einer Gruppe verbindet, erfüllen (vgl. Unterkap. „Kollektive Identität als organisch-gemeinschaftliche Vernunft"). Die Trägergemeinschaft der bergbäuerlichen Identität bildet der Hof und, auf der übergeordneten Ebene, die Gemeinschaft der Höfe. Ein entscheidendes Kriterium für den Erhalt der bergbäuerlichen Identität ist daher die Stabilität der Nachbarschaftsgemeinschaften.

Aus diesem Grund widmet sich das folgende Kapitel der Analyse des Datenmaterials hinsichtlich der Stabilität der nachbarschaftlichen Strukturen. In Anlehnung an Tönnies Charakterisierung der Nachbarschaftsgemeinschaft in Unterkapitel „Strukturelle Kennzeichen von Gemeinschaft" und unter Bezugnahme der empirischen Fallbeispiele aus Kapitel „Gemeinschaften in der Gegenwart" wurden die folgenden, durchlässigen Merkmale untersucht.

- **Territoriale Einheit:** Die Wohn- und Arbeitsstätten der Bauern und -bäuerinnen bilden eine geschlossene räumliche Einheit.
- **Gemeinsamkeiten:** Die Befragten weisen Gemeinsamkeiten hinsichtlich folgender Aspekte auf: Arbeit, Errungenschaften, Ordnungsstrukturen, Verwaltungsinstitutionen.
- **Wechselseitige Beziehungen:** Das Zusammenleben der Befragten ist geprägt von: gegenseitiger Kenntnis, Verwandtschaftsbeziehungen, Nachbarschaftshilfe, wirtschaftlicher Kooperation und Konkurrenz sowie wechselseitig abhängigen sozialen Rollen und Positionen.
- **Aktiv-Kultur:** In der Gemeinschaft wird die Aktivkultur gepflegt u.a. durch gemeinsame religiöse und säkulare Feste, Bräuche und Vereine.
- **Enge:** Die Gemeinschaft bedeutet für ihre Mitglieder auch Verpflichtungen auferlegt zu bekommen und Zwängen, Drohungen bis hin zu physischer Gewalt ausgesetzt zu sein.
- **Dynamik und Anpassungsfähigkeit:** Die Berggemeinschaften entwickeln sich dynamisch und passen sich äußeren Einflüssen an.

Territoriale Einheit
Die Lage der Höfe und Bergweiler wurde in den Abbildungen 1, 2 und 3 in Kapitel „Untersuchungsgebiete" abgebildet. Die Befragten beschrieben eine Unterscheidung zwischen den Leuten und den Bauern „unten" sowie den Bauern „oben" (u.a. Frau D; Herr J). Bauer B verwies sogar auf eine dritte Kategorie, die Bauern „in der Mitte". Die Befragten ordneten sich der Kategorie „oben" zu (Frau D), berichteten jedoch davon, für Ausbildung, Beruf, die Vermarktung der Erzeugnisse oder den Einkauf regelmäßig ins Tal fahren zu müs-

sen. Sowohl Herr A als auch Frau E wohnten in ihrer Ausbildungszeit nicht auf dem elterlichen Berghof, sondern in der Nähe der Schulstätte in einer anderen Stadt bzw. in der Dorfgemeinschaft. Beide betonten jedoch, häufig auf den Hof zurückgekehrt zu sein, um ihren Eltern zu helfen. Frau D wies darauf hin, dass alle Höfe aneinander angrenzten, ihr direkter Nachbar wohne jedoch nicht mehr auf dem Hof. Sie befänden sich daher weit weg von den anderen Höfen.

Interpretation
Die territoriale Einheit der Wohn- und Arbeitsstätten ist ein grundlegendes Kriterium der Nachbarschaftsgemeinschaft. So wie der Berghof das Dach der Familie bildet, ist der Bergweiler die Grundlage der Nachbarschaftsgemeinschaft. Die Integrität dieser räumlichen Einheit ist hinsichtlich der Wohnstätten relativ stabil, lediglich ein Interviewpartner im Tabland wohnt nicht mehr auf seinem Hof, sondern im Tal. Die Lohnarbeitsstätten der Befragten liegen jedoch größtenteils außerhalb des Bergweilers und auch zum Einkauf oder zur Vermarktung der Produkte muss der Weiler verlassen werden. Angesichts der hohen Fahrtkosten und langen Fahrtzeiten stellt diese Tatsache eine Belastung für die Befragten dar. Neben den Arbeitsstätten der Erwachsenen befinden sich auch die Ausbildungsstätten der Kinder und Jugendlichen außerhalb der Bergweiler. Zu der Zeit als es in Vellau noch keinen Schulbus gab, konnte dies die Trennung von Kindern und Eltern bedeuten, denn manche Eltern brachten ihre Kinder an den Wochentagen in der Nähe der Schule unter. Heute bedeutet das tägliche Pendeln zwischen Schule und Hof die Trennung der Schulkinder von ihren Freunden im Tal. Gleichzeitig zeigt die wöchentliche Rückkehr der Jugendlichen, die zur Ausbildung in eine andere Stadt gehen, die Verbundenheit mit den Höfen. Die stärkste Bedrohung für die territoriale Integrität ist daher nicht die Ausbildung oder der Arbeitsplatz, der außerhalb des Bergweilers liegt, sondern der Wegzug der Nachbarn. Je mehr Höfe leer stehen, desto weiter schreitet die räumliche Isolation der verbleibenden Höfe voran und mit ihr die soziale Abkapselung ihrer BewirtschafterInnen. Denn ein lebendiger Austausch innerhalb einer Gemeinschaft setzt auch eine Mindestzahl an Mitgliedern voraus. Laut Sozialstudien liegt die kritische Grenze in Bergdörfern bei einer Zahl von 150 EinwohnerInnen (Südtiroler Landwirt 2009: 11 in Streifender 2011: 10). Beide Bergweiler liegen mit 135 EinwohnerInnen in Vellau und 52 EinwohnerInnen im Tabland unter dieser Grenze (vgl. Kap. „Untersuchungsgebiete"). Insbesondere das kleine Tabland ist von einem bedrohlichen Rückgang der Einwohnerzahlen geprägt. Während Vellau innerhalb der letzten 15 Jahre etwa 13% seiner EinwohnerInnen verlor, betrug der Rückgang im Tabland 36% (eigene Berechnung gemäß Vienna Institute of Demography (o.J.): 2f; Andreas, 04.04.2016; Fellet, 11.04.2016). Die Anzahl der Bergbauern und -bäuerinnen in den jeweiligen Ortsteilen ist mit neun bzw. elf Höfen weitaus geringer und macht vor allem in Vellau einen geringen Anteil der Gesamteinwohnerzahl aus. Für das Gemeinschaftsgefühl der Bergbauern und -bäuerinnen und die Zukunftsfähigkeit der Berglandwirtschaft sind diese Entwicklungen nachteilig.

Gemeinsamkeiten

Hinsichtlich der Merkmals „**gemeinsame Arbeit**" berichtete Bäuerin G, dass ihre Familie im Tabland als einziger Hof ein Gasthaus betreibe. Alle anderen Familien seien reine Milchbetriebe, die ihre Milch an die Sennereigenossenschaft ablieferten. Sie selbst hielten daher weniger Kühe und dafür mehr Schafe, da sie das Schafsfleisch für das Gasthaus nutzen könnten. Frau F, ebenfalls aus dem Tabland, erzählt, ein paar Bauern seien daran interessiert, zusammen die Tablander Alm zu pachten und zu betreiben. Dies sei eine kleine Alm. Die Bauern verdienten sich durch die Bewirtschaftung einen Nebenertrag, da andere Bauern, die ihr Vieh auf die Alm schickten, ein Berggeld zu verrichten hätten. In Vellau ist Bauer J der einzige, der nicht an die Sennerei liefert, sondern seine Milch zu Käse verarbeitet, den er selbst vermarktet (FT). Auch in Vellau gibt es eine Alm, auf die Bauer J sein Jungvieh schickt. Die Milchkühe muss er dagegen mit einem LKW ins Ultental fahren, da es nur dort eine Bioalm gebe. Andere Bauern schickten ihr Vieh gar nicht mehr zur Sömmerung (FT).

Als „**gemeinsame Errungenschaft**" der Bergbauern und -bäuerinnen wurde vor allem die Pflege und der Erhalt der Kulturlandschaft hervorgehoben (Frau E). Noch sei der Erhalt der Landschaft gewährleistet, wenn jedoch mehr Berghöfe aufgegeben würden, könnten es die verbleibenden Bauern nicht mehr schaffen, alle freiwerdenden Flächen zu bewirtschaften (Frau D).

In Bezug auf das Merkmal „**gemeinsame Ordnungsstrukturen**" konnte beobachtet werden, dass die Größe der Höfe und Höhe der Viehstückzahlen nur in geringem Maße variierten. Im Vergleich zu den Milchbauern aus dem Flachland waren sie insgesamt sehr klein (Ehepaar B; Frau D). Es wurde berichtet, dass die meisten Bergbauernbetriebe dennoch Maschinen besäßen, für dessen Anschaffung so viel Kapital benötigt werde, sodass zusätzlich eine Lohnarbeit ausgeübt werden müsse (Frau F). Um diesen Zwang auszuweichen, setzte Bauern J darauf günstige gebrauchte Maschinen zu erwerben, die er selbst repariert (FT).

Insgesamt ging zum Zeitpunkt der Feldforschung auf acht der zehn Höfe mindestens eines der Familienmitglieder einer Lohnarbeit nach, die außerhalb der Landwirtschaft lag. Lediglich die beiden Höfe mit Gasthaus kamen ohne Lohnerwerb aus. Darüber hinaus bestritten die Bergbauernfamilien ihren Lebensunterhalt durch die Kombination einer Auswahl an Einkommensformen, die in Kapitel „Kollektives Bewusstsein und gemeinsamer Werterahmen" schon erwähnt wurden und in Kapitel „Ökonomische Reproduktion" noch detaillierter erläutert werden. Die Arbeit innerhalb der Hofgemeinschaften ist von arbeitsteiligen Strukturen geprägt. Bei den meisten Höfen mache die Frau den Hof und der Mann ginge arbeiten, berichtete Frau D aus dem Tabland. In Vellau bot sich ein gemischteres Bild der Arbeitsaufteilung. Bauer H und Bäuerin B zum Beispiel gingen beide einer Lohnarbeit nach und Bauer A sei froh, wenn seine Frau wieder arbeiten könne, sobald die Kinder größer seien. Der Gedanke, nicht der Alleinversorger der Familie zu sein, entlaste ihn (Herr A). Im Falle der Familie B leite Frau B das Gasthaus, während Herr B für den Hof verantwortlich sei. Der zukünftige Hofnachfolger und seine Freundin seien schon in die Arbeit in

Hof und Gasthaus integriert (Frau B). Frau G berichtete, dass der Hof häufig auch von den Eltern der Hofnachfolger bewirtschaftet würde, während die jungen Leute einer Lohnarbeit nachgingen.

In der Feldforschung konnten neben den Ordnungsstrukturen auch „**gemeinsame Verwaltungsstrukturen**" beobachtet werden. Trotz der hohen Anerkennung des alten Gemeindereferenten begrüßt Bauer J, dass es derzeit keinen Referenten gäbe. Er erachtete es als wirkungsvoller, sich zusammen mit den anderen Bergbauern und -bäuerinnen selbst zu vertreten. Zur Zeit der Datenerhebung befanden sich die befragten Bergbauern und -bäuerinnen der oberen Höfe aus Vellau in den Vorbereitungen für eine Versammlung mit der Gemeinde. Das Ziel der Bauern und -bäuerinnen sei die Bewilligung der Kostenübernahme für die Sanierung der Straße, die zu den oberen Vellauer Höfen führt. Für den Bau der asphaltierten Straße im Jahr 1997 bildeten die Bauern und Bäuerinnen eine Interessensgemeinschaft. Während die Gemeinde die Kosten der Straße trägt, ist die Interessengemeinschaft für den Erhalt verantwortlich. Wenn hohe Kosten entstehen, wie im Falle der Sanierung, muss die Interessensgemeinschaft die Bewilligung der Gelder bei der Gemeinde beantragen (FT; Herr J; Ehepaar H). Neben dem Straßenbau sei vor drei Jahren auch der Einsatz eines Schulbusses durchgesetzt worden (Ehepaar H).

Eine weitere Institution der Selbstverwaltung stellen die Wasserrechte dar, von denen einige Befragte in Vellau berichteten. Die Wasserrechte wurden mit dem Bau der Wasserleitung in den 60er Jahren in die Grundbücher eingetragen und werden sowohl vererbt als auch mit den Grundstücken verpachtet. Da kein Betrieb im Sommer auf sein Wasser verzichten wolle, werden die Bauern und Bäuerinnen, die sich damals nicht am Bau der Leitung beteiligten bis heute nicht an der Wasserversorgung beteiligt. Die Regelungen dazu treffen die Bauern und Bäuerinnen unter sich, die Gemeinde oder das Land mischen sich nicht ein (FT).

Interpretation
Gemeinsamkeiten sind ein weiteres Grundmerkmal jeder Gemeinschaft und die Bedingung für deren Bildung. Gleichzeitig muss das Vorhandensein von Gemeinsamkeiten nicht zwingend zu Gemeinschaftlichkeit führen (C./M. Uzarewicz 1997: 78). Die befragten Bergbauern und bäuerinnen kennzeichnet eine relative Homogenität, was die landwirtschaftlichen Strukturen, wie Hofgrößen, Viehstückzahlen und die landwirtschaftlichen Kerntätigkeiten, angeht. Hinsichtlich der Bewirtschaftung der Almen und dem Erhalt der Kulturlandschaft werden nicht nur die gleichen landwirtschaftlichen Arbeiten nebeneinander verrichtet, sondern miteinander. Die landwirtschaftliche Tätigkeit, der Erhalt der Kulturlandschaft und insbesondere die Bewirtschaftung der Almen stellen heute daher Grundlagen der Gemeinschaft dar.

Die Erwerbsstrukturen auf den Höfen sind dagegen heterogener, auch sie weisen jedoch Gemeinsamkeiten auf. Die grundlegenden Erwerbsmodelle die

sich darboten, wurden unter Kapitel „Kollektives Bewusstsein und gemeinsamer Werterahme" schon vorgestellt:
- Hof mit Lohnarbeit,
- Hof mit Urlaub auf dem Bauernhof,
- Hof mit Direktvermarktung,
- Hof mit Gasthaus.

Auf eine Nebeneinkunft konnte keiner der befragten Höfe verzichten. Fast in jeder Familie ging daher mindestens eine Person einer Lohnarbeit nach. Lediglich die Höfe mit Gasthaus waren nicht auf eine Lohnarbeit angewiesen. Die Arbeit auf den Höfen ist entsprechend dem hohen Arbeitspensum stark arbeitsteilig. Die Art der Aufteilung entspricht dabei nicht mehr strikt den klassischen Rollenbildern von Mann und Frau sondern orientiert sich vor allem an den sich bietenden Möglichkeiten, den Lebensunterhalt bestreiten zu können. Die Gemeinsamkeit in Bezug auf die Erwerbsstrukturen und die häusliche Ordnung liegt in der Notwendigkeit, ein funktionierendes Lebenskonzept zu finden, dass mit der Aufrechterhaltung des Hofes zu vereinen ist. Die Art und Weise wie dies geschieht ist von Hof zu Hof unterschiedlich.

Mit den selbstverwalteten Institutionen „Wasserrechte" und „Interessensgemeinschaft" bestehen auf der Ebene der Gemeinschaft weitere Verwaltungsinstitutionen, die gemeinsam von den Bergbauern und –bäuerinnen der Ortsteile geführt werden. Alle Gemeinsamkeiten stellen gleichzeitig Möglichkeiten des Ausschlusses dar. Bauer B z.B., der weder an den Wasserrechten partizipiert, noch an der Interessensgemeinschaft, erlebt die Gemeinschaft anders als die Bauern und Bäuerinnen, die nicht vom Ausschluss betroffen sind.

Wechselseitige Beziehungen
Die meisten Befragten zeigen an ihren Aussagen, dass sie **sich** untereinander gut **kennen**. Es ist sowohl bekannt, wie gut die Hofsubstanz und wie schwer die Bewirtschaftung auf den anderen Höfen ist (Herr A; Herr I) als auch welche Maschinen (Frau D) zum Einsatz kommen und wie die anderen Bauernfamilien ihren Lebensunterhalt erwirtschaften (Frau D; Frau G). Frau D berichtet darüber hinaus, dass sich Nachrichten überall schnell verbreiteten, Gedanken müsse man daher für sich behalten. Positiv hebt J hervor, dass auch der Gemeindevertreter, der nicht aus Vellau stamme, dennoch alle Leute dort kenne, da er jeden Tag „vorbei gekommen" sei (Herr J).

Direkte **Verwandtschaftsbeziehungen** werden in den Interviews nicht erwähnt. Frau F äußerte jedoch den Wunsch, für ihren Sohn eine Frau aus dem Dorf zu finden, gleichzeitig gab sie zu bedenken, dass es schwierig werden würde.

Insgesamt zeigen die Aussagen und Beobachtungen, dass die **Nachbarschaftshilfe** zwischen den Bauernbetriebe sowohl in Vellau als auch im Tabland schwächer ist, als es früher üblich war. Freiwillige Helfer übernähmen heute, so Bauer B, die Hilfeleistungen, die früher von den Nachbarn gekommen seien. Bauer J erklärte, heute müsse man um Hilfe bitten. Es freue ihn daher, dass der Nachbar angeboten habe, im Winter Schnee zu schieben, wenn es für J einmal nicht passe. Auch J half seinen Nachbarn aus, als diese Hilfe benötigten (Frau B). Außerdem passen die Bs und Herr J gegenseitig auf die Kinder auf, die fast täglich miteinander spielen (FT).

Frau D sah den Grund für die mangelnde gegenseitige Hilfe in der Knappheit der Zeit, die bestünde, wenn der Hof nur zu zweit bewirtschaftet würde und gleichzeitig Haushalt, Kindererziehung und Lohnarbeit zu erledigen seien. Die Nachbarschaftshilfe, die früher üblich war, würde gegenwärtig durch Maschinen oder Aushilfsarbeitskräften ersetzt (Frau D). Die Bauern und Bäuerinnen arbeiteten eher gegeneinander als miteinander. Zum Beispiel informierten sie sich gegenseitig nicht über Förderungen, da der Neid untereinander zu groß sei (Frau D). Lediglich die Hs berichteten, dass die Hilfe heute stärker sei als in der Generation ihrer Eltern. Jeder bliebe jedoch für seinen Hof verantwortlich und passe auf sich selbst auf.

Wirtschaftliche **Kooperationen** sind weder unter den Bergbauernhöfen noch zwischen Gasthäusern und Nachbarhöfen üblich. Letztere hätten kein Selbstvertrauen in die Werte der Region und kauften daher lieber überregionale Produkte. Bauer J verkauft seine Produkte daher außerhalb der Dorfgemeinschaft (FT). Für die Zukunft strebt er eine Kooperation mit Bergbauer I an. Das Ziel sei es, mehr Milch für die Produktion von Käse zur Verfügung zu haben. Von Konkurrenzbeziehungen berichtete lediglich Frau B, die ein Gasthaus betreibt. Ihr missfällt, dass Buschenschänken immer mehr Produkte zukauften, ohne Steuern zahlen zu müssen. Buschenschänken sollten ausschließlich ihre eigenen Erzeugnisse verkaufen, damit sie den Gasthäusern keine Konkurrenz machten. Sie selbst backe neben dem Gastbetrieb Brot, das von den „Einheimischen" gekauft werde (Frau B).

Eine klare Hierarchie unter den Bergbauernbetrieben konnte anhand der Aussagen der Befragten nicht festgestellt werden. Es wurde jedoch von einem Bürgermeister berichtet, der seinen Job 30 Jahre ausgeübt habe und bis heute sehr geschätzt werde, da er den täglichen Kontakt mit den DorfbewohnerInnen und auch den Bergbauernhöfen der oberen Siedlungen gesucht habe. Bis heute seien die Bürgermeister immer Bauern gewesen, dies könne sich jedoch bald ändern, wenn die bäuerliche Bevölkerung immer mehr wegziehe (Herr J). Darüber hinaus gaben die Aussagen implizit **soziale Rollen und Positionen** der Höfe wieder. Der Hof mit Lohnarbeit sei das Normalmodell der Höfe (Frau D). Mit einem Gasthaus sei das Finanzielle kein Problem mehr (Frau D). Höfe mit Gasthäusern wurden jedoch gleichzeitig als „halb Hof - halb Gasthaus" beschrieben (Frau D). Der Hof mit Buschenschank in Vellau wurde von Bauer J bewundert, da er *„gut laufe"* und ein beliebter Treffpunkt sei (FT). Derweil bezeichnete Bauer C das Hofmodell von Bauer J mit der Käserei und Direktvermarktung als *„Träumerei".* Er sei überzeugt, dass Bauer J *„untergehen"* werde. Für Bauer A stellte die Direktvermarktung andererseits ein Vorbild dar. Er wünschte sich durch die Umgestaltung seines Hofs, u.a. auf Direktvermarktung, von der Landwirtschaft leben und die Lohnarbeit aufgeben zu können.

Interpretation
Erst die Wechselseitigkeit der Beziehungen zwischen den Gemeinschaftsmitgliedern macht aus Gemeinsamkeiten eine Gemeinschaft (C./M. Uzarewicz 1997: 78; 110). Die Grundvoraussetzung der Reziprozität, das gegenseitige Kennen und voneinander Wissen, ist in beiden Weilern erfüllt. Die Pflege der Nachbarschaftsbeziehungen, wie sie früher durch Geschenke an die umliegenden Höfe praktiziert wurde (Katz 2013: 46), spielt heute jedoch keine Rolle mehr. Auch die Tradition, einen Mann oder eine Frau aus dem eigenen Dorf zu heiraten, verschwindet zunehmend. Der ursprüngliche Sinn der Heirat innerhalb des eigenen Dorfes oder in das Nachbardorf liegt darin, in sehr arbeitsintensiven Zeiten zusätzliche Arbeitskräfte rekrutieren zu können (Katz 2013: 45). Wie in Unterkapitel „Heimat" schon beschrieben, besteht die Sorge der Junggesellen heute darin, eine Frau zu finden, die das arbeitsreiche Leben am Hof mitträgt. Hinsichtlich der Sozialbeziehungen insbesondere thematisiert, wurde die Nachbarschaftshilfe. Während sie früher eine existenzielle Bedeutung für die Bauern und Bäuerinnen hatte (Girtler 2002: 95ff), bedauert die Mehrheit der Befragten heute ihr Verschwinden.

Ein wesentlicher Grund für die abnehmende Reziprozität hinsichtlich der genannten Aspekte liegt in der geringen Abhängigkeit der Bergbauern und -bäuerinnen voneinander. War die Nachbarschaftshilfe am Berg früher existenziell, so ist sie heute weitestgehend durch den Einsatz von Maschinen ersetzt. Die Anschaffung teurer Maschinen impliziert die Notwendigkeit von Kapital, Lohnarbeit und staatlicher Förderungen. Insgesamt besteht daher heute, stärker als die Abhängigkeit untereinander, eine Abhängigkeit von Staat und Wirtschaft (vgl. Unterkap. „Freiheit"). Grundsätzlich dürfen Gefühle der Abhängigkeit nicht automatisch negativ bewertet werden, denn insofern sie wechselseitig sind, implizieren sie das Gefühl des Gebrauchtwerdens. Sie rufen dann diejenigen kooperativen Tätigkeitsprozesse hervor, „aus denen das Individuum sein Selbstverständnis und seine Anerkennung bezieht (Sennett 2008: 190)." Diese moderne Form der Abhängigkeit basiert jedoch nicht auf einer direkten wechselseitigen Beziehung. Die Funktion für die Selbstdefinition des Individuums ist daher schwach und fußt nur mehr auf der Gewissheit, dass sich alle Bauern und Bäuerinnen in der gleichen Situation der einseitigen Abhängigkeit befinden.

Mit dem Wandel der Sozialbeziehungen scheint sich auch die Deutung der Abhängigkeit verändert zu haben. War es früher normal, abhängig von seinen Nachbarn zu sein, ist es heute unangenehm und drückt Unterlegenheit aus. Die Bitte um Hilfe fällt daher heute schwerer als früher. In Notsituationen sind die Nachbarn dennoch füreinander da oder aber wenn konkrete Absichten mit der Hilfe verbunden sind. Beispiele dafür sind die Interessensgemeinschaft, die sich in Vellau mit dem Ziel des Straßenbaus gegründet hat oder die Idee einer betrieblichen Kooperation zwischen Bauer J und Bauer I. Während die jüngeren Bauern und Bäuerinnen diese neuen Formen der wechselseitigen Beziehungen zunehmend leben, kann sich der ältere Bauer B nicht mit ihnen identifizieren. Die Interessengemeinschaft passt nicht zu seinem traditionellen Verständnis des

Zusammenlebens, da die wechselseitigen Beziehungen auf der Grundlage einer offensichtlichen Zweckrationalität beruhen. Durch das Verharren in alten Denkstrukturen verschließt sich Bauer B einer neuen Form des gemeinschaftlichen Zusammenlebens, die nicht nur die Existenz am Berg erleichtert, sondern auch das Gemeinschaftsgefühl der Mitglieder fördert.

Reziprozität impliziert auch die Existenz sozialer Rollen und Positionen, die in Abhängigkeit voneinander bestehen (vgl. Unterkap. „Strukturelle Kennzeichen von Gemeinschaft"). Die Führungsrolle in Vellau bekleidete lange ein Bürgermeister, der das Ansehen und die Autorität genießt, die mit dieser Rolle einhergehen (vgl. Unterkap. „Strukturelle Kennzeichen von Gemeinschaft"). Seine Position konnte der Bürgermeister aufrechterhalten, da er einen täglichen, direkten Kontakt mit den Bewohnern Vellaus hielt und durch seine Rolle als Bauer direkt als Teil der Gemeinschaft anerkannt wird. Dies unterscheidet ihn von anderen Politikern, die sich weniger um den sozialen Kontakt zu den Gemeinschaftsmitgliedern bemühen und nicht Bauern sind. Sie werden weniger als Vertreter wahrgenommen, die im Sinne der Gemeinschaft handeln (vgl. Kap. „Abgrenzung").

Im Vergleich zur Rolle des Bürgermeisters sind die sozialen Rollen der Höfe weniger eindeutig einzuordnen. Hilfreich erscheint hier Bourdieus Modell der Kapitalsorten. Demnach bestimmen sich die Positionen der Individuen im sozialen Raum über die Höhe des akkumulierten kulturellen, ökonomischen und sozialen Kapitals (Bourdieu 1989: 18). Im Hinblick auf die Berghöfe definieren sich die Kapitalsorten anhand der Disposition finanzieller Mittel (ökonomisches Kapital), die Frage, ob das ökonomische Kapital auf traditionelle Weise erwirtschaftet wurde (kulturelles Kapital) und das Vorhandensein eines sozialen Netzwerks, dass für persönliche Zwecke aktiviert werden kann (soziales Kapital).

Der „Hof mit Gasthaus" hat in finanzieller Hinsicht die höchste Kapitalausstattung. Er gilt jedoch nur als „halber" Hof, da die Gaststätte auch ohne den Hof geführt werden kann und relativ an Bedeutung verliert. Insofern das Gasthaus den Hof verdrängt, bekleiden seine BewirtschafterInnen eine Randposition innerhalb der Gemeinschaft der Bergbauern und -bäuerinnen. Im Modell „Hof mit Lohnarbeit" sind der Erwerb des ökonomischen Kapitals und die traditionelle Landwirtschaft klar voneinander getrennt. D.h. das kulturelle Kapital besteht unabhängig vom ökonomischen Kapital, solange der Hof in ausreichendem Umfang weitergeführt wird. Dieses Modell geht zumeist mit einer soliden, durchschnittlichen Positionierung im sozialen Raum einher. In den Worten der Befragten ausgedrückt, handelt es sich um die „normalen" Höfe (Frau D). Der Erwerb ökonomischen Kapitals im Modell „Hof mit Buschenschank" beruht auf der traditionellen landwirtschaftlichen Tätigkeit. Ein gut gehender Buschenschank hat daher eine hohe Disposition kulturellen und ökonomischen Kapitals und nimmt eine entsprechende Rolle im sozialen Raum ein. Darüber hinaus bekleidet er im Dorf eine Funktion, die mit einer Dorfkneipe vergleichbar ist. Der Buschenschank verfügt daher auch über ein entsprechend dichtes Netz sozialer Kontakte (soziales Kapital). Das Erwerbsmodell des Hofes mit Direktvermarktung basiert ebenfalls auf der traditionellen Landwirtschaft. In finanzieller Hinsicht ist der Hof mit Direktvermarktung durch eine geringe Kapitalausstattung gekennzeichnet, kulturell aber ist die Direktvermarktung hoch angesehen, denn sie kommt dem traditionellen Lebensmodell eines Bauern oder einer Bäuerin am nächsten. Insgesamt wird die soziale Position der Berghöfe durch die akkumulierte Menge ökonomischen, kulturellen und auch sozialen Kapitals bestimmt. Es kommt jedoch auf das Mischverhältnis an. Wer die traditionelle Landwirtschaft nicht in ausreichendem Maße aufrechterhält, gefährdet seine Position im sozialen Raum. Über das Ansehen, dass den Mitgliedern entgegengebracht wird, schützt die Gemeinschaft ihre Existenz.

Aktiv-Kultur
Unter den aufgezählten Traditionen im Tabland werden auch religiöse Feste, wie das Erntedankfest und die Herz Jesu Prozession genannt (Frau D; Frau F). Eine größere Rolle der **religiösen Orientierung** für den Alltag der Befragten ist den Interviews nicht zu entnehmen. Auch die Ruhetage richten sich weniger nach dem Wochentag, als vielmehr nach dem Wetter und der Notwendigkeit zu mähen (Ehepaar B).

Neben religiösen Festen werden auch säkulare **Feste, Bräuche und Vereine** angesprochen. Die Feuerwehr stellt nicht nur eine Form gemeinsamer Arbeit dar, sie sei auch ein beliebter Treffpunkt, wo zusammen getrunken und diskutiert würde (Herr J). Ansonsten sei Vellau zu klein für kulturelle Veranstaltungen. Früher habe die Feuerwehr in Vellau ein Fest organisiert, um Geld einzunehmen, heute gäbe es das nicht mehr (Herr J). Sowohl Bauer B als auch die Hs berichten, dass in Vellau die Gemeinschaftsveranstaltungen fehlten.
Die Feste sind jetzt ganz abgekommen. Vor 20 Jahren gab es noch Feste. In den Tälern rein gibt es mehr Feste. Hier bei der Stadt sind wir auf dem Berg zu klein. In den Tälern ist es traditioneller. Die Traditionen werden vermisst, es ist schön gewesen. Sie verbinden, heute geht die Gemeinschaft verloren. (Herr B)
Laut den Hs fehlten Gemeinschaftsveranstaltungen in Vellau, da man die Leute nicht mehr zusammen bekäme. Feste gäbe es nur noch in Algund für die Touristen (Ehepaar H). Die Bäuerinnenorganisation träfe sich zwar regelmäßig, jedoch nur zu Zeiten an denen eine Bergbäuerin keine Zeit habe, da sie noch die Kühe zu melken habe. Der Verein sei den Frauen der Obstbauern vorbehalten, die zumeist auch Gastbetriebe haben (Ehepaar H).

Auch im Tabland berichten die Befragten, dass es weniger Zusammenkünfte gäbe als früher (Frau D). Dennoch seien noch zahlreiche Feste und Vereine vorhanden: die Schützenkompanie, die Musikkapelle, die Bauernjugend, die Bäuerinnenorganisation und die freiwillige Feuerwehr (Frau F).

Interpretation
Über die Merkmale, „territoriale Einheit", „Gemeinsamkeiten" und „Reziprozität" hinaus, kennzeichnet jede Gemeinschaft das Vorhandensein einer Aktiv-Kultur. Ihre Funktion liegt in der Stärkung des Identifikationspotenzials der

Gemeinschaft. In der Pflege der Aktiv-Kultur besteht gerade in Vellau ein deutliches Defizit. Das kulturelle Leben ist aus dem Ortsteil in den Gemeindekern Algunds gewichen. Dort wird es vor allem zu touristischen Zwecken aufrechterhalten. Die BewohnerInnen Vellaus bedauern die Abwesenheit eines aktiven kulturellen Lebens, geben jedoch gleichzeitig zu Bedenken, dass keine Zeit für derartige Aktivitäten sei. Für die Identifikation mit der Gemeinschaft bedeutet diese Entwicklung einen hohen Verlust, da die aktive Pflege kultureller Traditionen gerade in Zeiten der veränderten Sozialbeziehungen von hoher Bedeutung für das Gemeinschaftsgefühl ist (vgl. Kap. „Gemeinschaften in der Gegenwart"). Obwohl auch die EinwohnerInnen im Tabland von einem Zerfall des Gemeinschaftsgefühls und dem Rückgang kultureller Traditionen berichten, ist die Aktiv-Kultur dort stabiler als in Vellau. Diese Tatsache kann zum einen auf die Lage des Tablands zurückgeführt werden, dass etwas weiter von den touristischen Zentren entfernt ist. Zum anderen ist der Anteil der Bergbauern und -bäuerinnen an der Gesamteinwohnerzahl des Tablands größer als in Vellau.

Enge
Bauer J berichtet, er habe es gegenüber seinen Eltern als seine **Verpflichtung** empfunden den Hof zu übernehmen, da diese ansonsten ihre „Wurzeln" verloren hätten. Hinsichtlich seiner heutigen Stellung zum Leben auf dem Hof vermutete er, er sei vielleicht einfach schon zu lange am Berg. Er könne sich daher einen Neuanfang im Flachland gut vorstellen (FT). Seine Frau erklärt, die Eltern förderten ihn schulisch nicht, weshalb er heute nicht die Möglichkeit habe einen guten Job im Tal anzufangen (Frau D). Als HofnachfolgerInnen seien die Bauern und Bäuerinnen dazu verpflichtet, die Eltern auf den Höfen zu versorgen (Herr J). Außerdem sei der Hof *„ordentlich"* zu pflegen und zu bewirtschaften (Ehepaar H). Die Kühe kennen keinen Feiertag und müssen regelmäßig gemolken werden, 365 Tage im Jahr. Ein Anrecht auf Urlaub gäbe es nicht (Ehepaar H).

Darüber hinaus berichtete Frau D, dass die Bergbauern und -bäuerinnen eines Gebietes darauf achteten, ob alle Höfe weiterbewirtschaftet werden. Bauer J erklärte, dass sich sein Nachbar sogar in Bauer Js Stall schleiche, um dort die Tiere zu zählen. Die Bauern und Bäuerinnen beobachteten die Aktivitäten der Nachbarhöfe außerdem mit ihren Ferngläsern (FT). Der soziale Druck der Gemeinschaft führe dazu, dass die Bauern und Bäuerinnen ihre Landwirtschaft in dem Maße weiterführen, die ihnen noch eine gute Reputation ermöglicht. Wenn ein Bergbauernhof nur noch so viel Vieh hält, dass es gerade für die Förderungen reicht, wird er nicht gut angesehen, da seine Wiesen dann zuwachsen (FT). Gleichzeitig wird betont, dass sich die Bauern und Bäuerinnen aus den Angelegenheiten der anderen raushielten. Auch wenn es Probleme auf den Höfen gäbe, z.B. Gesetze nicht eingehalten würden, werde nicht geholfen (Frau D).

Neben diesen Zwängen und Verpflichtungen berichten die Bauern auch von konkreten **Drohungen** und **Gewalt** innerhalb der Gemeinschaft. Die Hs erläuterten, die alten Bauern und Bäuerinnen gäben häufig der zugezogenen

Frau die Schuld für Veränderungen am Hof. Auch Bauer J berichtete, dass es Schwierigkeiten gegeben habe, da es, durch die Heirat, sehr viele Veränderungen auf dem Hof gegeben hätte (FT). Frau D berichtete darüber hinaus von Drohungen und Beleidigungen seitens der anderen Hofmitglieder. Auch von Fällen der Selbstjustiz ist die Rede (Frau D; FT).

Interpretation
Ein weiteres Merkmal, das das Zusammenleben in der Gemeinschaft kennzeichnet, ist die **Enge**. Die Bergbauern und –bäuerinnen sind jeden Tag konfrontiert mit der Verpflichtung, den Hof zu erhalten, die Tiere zu pflegen, sich um Eltern zu kümmern, die auf dem Hof leben und zahlreiche Prinzipien einzuhalten, die es am Berg zu beachten gilt. Auch wenn innerhalb der Nachbarschaftsgemeinschaft eine „Politik des Raushaltens" gepriesen wird (vgl. Kap. „Kollektives Bewusstsein und gemeinsamer Werterahmen"), wurde dennoch deutlich, dass sie eine indirekte Kontrolle über die Einhaltung dieser Pflichten ausübt. Diese Kontrolle äußert sich im gegenseitigen Beobachten, der genauen Kenntnis der Lebenssituation der Nachbarn und dem Reden übereinander. Auch die Hofübernahme zählt zu den Verpflichtungen am Berg. Das Beispiel einer Familie und viele Erzählungen zeigen, dass diese Pflicht auch ausgenutzt und in Drohungen und Gewalt münden kann. Wird die Enge der Gemeinschaft für das Individuum zu erdrückend, kann sie zum Ausstieg aus der Gemeinschaft führen. Dafür muss es jedoch nicht erst zum Familienkonflikt kommen. Bauer J z.B. sehnt sich einfach danach, der täglichen Bindung an den Hof entkommen und aus der Vertrautheit der Gemeinschaft ausbrechen zu können, um neue Erfahrungen in der Fremde zu sammeln.

Dynamik und Anpassungsfähigkeit
Bauer J berichtete, die Berglandschaft habe sich in der Generation seiner Eltern sehr stark verändert. Diese hätten den Übergang von mittelalterlichen Verhältnissen in die Moderne erlebt und sehr viel lernen müssen (FT). Auch die Landschaft habe sich verändert. Die Höfe seien kaum widerzuerkennen, Wälder seien gerodet worden und an anderer Stelle wieder nachgewachsen (FT).

Aktuelle Veränderungstendenzen wurden im Hinblick auf die Organisation des Familienlebens schon benannt. Neuerungen im wirtschaftlichen Bereich sind die Eröffnung von Hofläden mit Selbstbedienung (Herr A; Herr J), die Käserei bei Bauer J (FT) und die Eröffnung des Buschenschanks bei Familie I. Käse, so Bauer B, habe keine lange Tradition in Südtirol, früher haben alle Bauern ihre Milch bei der Algunder Sennerei abgeliefert (FT). Hinsichtlich der Eröffnung des Buschenschanks berichtete Bauer I, dass der Opa diesen nicht gewollt habe, da Traditionen noch eine starke Gültigkeit hatten. Er habe seine Familie mit 20 Jahren dazu überredet den Schank zu eröffnen. Ohne den, so I, wären sie *„Pleite gegangen"*. Für die Zukunft planen gerade die jungen Bauern, A, I, J aus Vellau, weitere Neuerungen. Bauer A denkt an einen Waldkindergarten, den seine Frau am Hof aufbauen könnte und an die Umstellung auf Mutterkuhhaltung. Bauer I möchte mit dem Anbau von Kirschen auf den hohen Wiesen eine Marktnische schließen und Bauer J (FT) überlegt, die obere Etage seines Hofes als Mietwohnung auszubauen. Ohne ein konkretes Ziel zu benennen, will auch Bauer B seinen Hof bis zur Übergabe stets verbessern. Frau F Junior aus dem Tabland denkt derweil an die Umstellung auf Galtviehhaltung, falls der Marktpreis nach Abschaffung der Milchquote einbreche.

Interpretation
Abschließend ist der Aspekt der **Dynamik und Anpassungsfähigkeit** der Nachbarschaftsgemeinschaft zu besprechen. An den Aussagen der Befragten hat sich gezeigt, dass die Gemeinschaft kein starres oder gar rückwärtsgewandtes Konzept ist. Gerade die letzten Generationen der Bergbauern und -bäuerinnen haben den grundlegenden Wandel der Agrarstrukturen mitgestaltet, den Übergang von den Selbstversorgerstrukturen zu der vollkommenen Ausrichtung auf die Marktwirtschaft. Dieser Wandel wurde bedingt durch grundlegende Veränderungen in Politik, Wirtschaft und Gesellschaft. Die Notwendigkeit der Anpassung an die sich verändernden Bedingungen bestimmen auch heute das Leben der Bergbauern und -bäuerinnen. Auf der Suche nach passenden Lebens- und Erwerbsmodellen gestaltet daher auch die neue Generation der Bergbauern und -bäuerinnen Entwicklung aktiv mit. Den Motor der Veränderungen stellen dabei vor allem die Möglichkeiten des Marktes dar und Anreize, die die Politik schafft. Der Vergleich zwischen Vellau und dem Tabland zeigt, dass es dabei zu Differenzen zwischen den Ortsteilen und Altersgruppen kommt. Die jüngere Generation in Vellau präsentiert sich generell offen gegenüber neuen Hofmodellen und testet neue Konzepte der Kooperation aus. Im Tabland präsentierte nur einer der Befragten, ebenfalls ein junger Landwirt, eine neue Idee für die Zukunft. Generell besteht der Möglichkeitenhorizont der Erwerbskombinationen im Tabland vermehrt aus etablierten Elementen, wie die gemeinsame Almbewirtschaftung, das Führen der Höfe im Nebenerwerb und/oder die Aufgabe der Höfe. Auch letztere Möglichkeit stellt eine Anpassung an die veränderten Umweltbedingungen dar. Stärker als im Tabland bedeutet die Anpassung an die gegebenen Strukturen in Vellau den Zerfall der Aktivkultur. Die Bewirtschaftungsprinzipien sind bis heute in beiden Ortsteilen Konstanten, die jedoch unter dem ökonomischen Druck in der Berglandwirtschaft zu erodieren beginnen.

Geltungsbedeutung der Gesellschaft für die Gemeinschaftsmitglieder

Im vorausgehenden Kapitel wurde die Stabilität der Nachbarschaftsgemeinschaft am Berg analysiert. Sowohl Tönnies als auch Weber (Vgl. Unterkap. „Gemeinschaft und Gesellschaft") wiesen darauf hin, dass das soziale Zusammenleben der Menschen immer eine Mischform aus gemeinschaftlichen und gesellschaftlichen Bezügen darstellt. Während die Gesellschaft durch den Staat, Unternehmen und die Zweckrationalität der Beziehungen symbolisiert wird, ist die Gemeinschaft all das, was sich aus dem Kreis der Individuen selbst herausbildet, mit dem Ziel den Erhalt der Gruppe zu sichern (vgl. Unterkap. „Traditionelle Völker und Gemeinschaften in Brasilien"). Der dritte Analyseschritt stellt daher die Frage nach der Geltungsbedeutung der Gesellschaft für die Lebensordnung der Bergbauern und -bäuerinnen in Vellau und im Tabland.

Der Begriff der Lebensordnung bezieht sich auf alle Teilbereiche des Lebens und die Art und Weise wie sie geordnet und durch institutionelle Gefüge geregelt sind (DUDEN, 31.03.2015). Die Geltungsbedeutung der Gesellschaft wird im Folgenden stets in Bezugnahme auf die entsprechenden gemeinschaftlichen Ordnungsstrukturen dargestellt, die in den Kapiteln „Kollektive Identität der Bergbauern und -bäuerinnen" und „Gemeinschaft am Berg" schon erläutert wurden. Um die Vergleichbarkeit zwischen gesellschaftlichen und gemeinschaftlichen Ordnungselementen gewährleisten zu können, bedient sich die Analyse des Begriffes der „Reproduktion". In der Soziologie bedeutet „Reproduktion" die Erschaffung und Aufrechterhaltung sozialer Systeme und Verhältnisse. Da soziale Systeme dynamisch sind, müssen ihre Strukturen immer wieder erneuert werden. Im wissenschaftlichen Diskurs des „nachhaltigen Wirtschaftens" beschreibt der Begriff ebenfalls die Aufrechterhaltung und Erneuerung bestehender Verhältnisse, jedoch wird er als dreidimensionales Konzept verstanden. Dieses bezieht sich auf den Erhalt der ökonomischen, sozialen und ökologischen Existenzgrundlagen der Gesellschaft. Alle drei Elemente, Ökonomie, Soziales und Ökologie beeinflussen sich als Determinanten eines vernetzten Systems gegenseitig (Thomas 2014: 31). In Anlehnung an die Begriffsbedeutungen in Soziologie und „Nachhaltiger Wirtschaft" soll „Reproduktion" im Folgenden als ökonomische, soziale und ökologische Existenzsicherung der Bergbauern und -bäuerinnen verstanden werden. Diese Faktoren sind wechselseitig voneinander abhängig und prozesshaft, denn die Strategien der Existenzsicherung müssen stets von neuem an die sich verändernden Rahmenbedingungen angepasst werden.

Mit dem Ziel einer umfassenden Beantwortung der dritten Arbeitsfrage wurden Aussagen und Beobachtungen differenziert, die darauf hindeuten, dass die Lebensordnung in den Bereichen „ökonomische", „soziale" und „ökologische Reproduktion" durch Strukturen der Gesellschaft bzw. der Gemeinschaft geprägt sind. Darüber hinaus wurde der Einfluss einzelner gesellschaftlicher bzw. gemeinschaftlicher Institutionen auf den Erhalt der Bergbauernlandwirtschaft in denselben Bereichen abgefragt. Beide Kategorien werden im Folgenden zusammen ausgewertet, gegliedert in die Unterpunkte „ökonomische", „soziale" und „ökologische Reproduktion". Die Darstellung und Interpretation der Ergebnisse orientiert sich dabei an der Relevanz, die den Aspekten seitens der Befragten beigemessen wurde. Wenige relevante Aspekte können auf Grund der Fülle der angesprochenen Merkmalsausprägungen nicht beachtet werden.

Ökonomische Reproduktion

Die Aussagen der Befragten (Herr A; Herr C; Frau E; Frau F; Ehepaar H; Herr J) zeigen übereinstimmend, dass die Landwirtschaft allein nicht ausreicht, um die ökonomische Reproduktion der Familie sichern zu können. Folgende Gründe werden genannt:
- die geringe Größe der Südtiroler Höfe (Frau B),
- die schlechte Organisation der Bergbauernbetriebe untereinander (FT),
- die niedrigen Erzeugerpreise am Markt (Frau F),
- die geringe Nachfrage nach bäuerlichen Erzeugnissen (Ehepaar H),
- die ungenügenden Förderungen seitens der Politik (Frau D; Herr B) sowie
- die Notwendigkeit der Mechanisierung, um dem Wettbewerb in der Landwirtschaft standhalten zu können (Frau F).

Alle Bergbauern und -bäuerinnen beziehen daher Einkünfte aus weiteren Einnahmequellen (Herr A; Ehepaar B; Herr C; Frau D; Frau E; Frau F; Frau G; Ehepaar H; Herr I; Herr J).

Die Bedeutung, die der Hof für die Erwerbskombination spielt, variiert von Hof zu Hof. Familie H erklärte, ihre landwirtschaftliche Tätigkeit sei ein Nullsummenspiel, solange es keine Probleme mit Maschinen oder der Tiergesundheit gebe, ansonsten müssten sie aus dem Lohneinkommen „zuschießen". Das Einkommen der ProduzentInnen in der **Milchlandwirtschaft** werde insbesondere vom Markt und der Kontingentierung der Milchmengen beeinflusst (Frau F; Frau G). Frau F hoffe, dass sich die Preise mit dem Wegfall der Milchquote verbesserten. Für Bauer I liege die Chance der landwirtschaftlichen Produktion darin, Marktnischen zu finden, die auf Grund der Besonderheiten der Berglandwirtschaft bedient werden können. Sein Gedanke ist es Kirschen anzubauen, da sie am Berg zu einem späteren Zeitpunkt reif sind als im Tal und daher ein höheres Einkommenspotenzial haben. Insgesamt seien die Erzeugnisse des Hofes, Milch, Käse Fleisch und Wolle auf dem Markt kaum etwas wert. Bauer C verkauft daher nur noch einige Ziegen an Privatleute. Die Gs verwenden ihr Schafsfleisch für ihr Gasthaus, die Wolle der Schafe entsorgen sie jedoch (Frau G).

Eine Chance für die bäuerlichen Erzeugnisse stelle eine Umorientierung in der Produktvermarktung dar. Heute würden bäuerliche Erzeugnisse frisch ab Hof nicht mehr als alltägliche Lebensmittel wahrgenommen, sondern als Luxusgüter. Für diese bestehe auch die Bereitschaft mehr zu zahlen. Dennoch sei die **Direktvermarktung** für den kleinbäuerlichen Betrieb riskant, denn die

Nachfrage sei nicht hoch genug (Ehepaar H). Bauer J hat lediglich eine saisonale Anstellung bei der Gemeinde und baut fast ausschließlich auf die Erzielung von Einkommen durch die Weiterverarbeitung und Vermarktung seiner Erzeugnisse (Herr J). Diese verkauft er in seinem Hofladen, der bei niedrigem Aufwand recht rentabel sei. Darüber hinaus vermarktet er seinen Käse über einen Bauernladen im Tal, einen biologischen Gemüsehandel sowie einen Spezialitätenhändler (FT). Zur Zeit der Befragung baute Bauer J darüber hinaus eine Homepage mit Onlineshop auf (FT). Das Internet stelle eine Möglichkeit für die Bauern dar, auf sich aufmerksam zu machen (FT). Die Vermarktung der Produkte auf dem Wochenmarkt sei dagegen nicht wirtschaftlich, lediglich ein großer traditioneller Bauernmarkt, der einmal im Jahr stattfinde, lohne sich für J (FT). Der Absatz über die Gasthäuser im Dorf stelle eine potenzielle Chance dar. Bislang wollten die Gasthäuser jedoch nicht kooperieren, da sie nicht an die Beliebtheit der regionalen Produkte glaubten (FT). Trotz aller Vermarktungsaktivitäten gab Herr J an, dass sein Betrieb nur wirtschaftlich werden könne, wenn er keine Angestellten beschäftige und noch einen Teil des Wohnhauses vermiete (FT). Seine Produktionsentscheidungen macht J zum Teil von Fragen der Rentabilität abhängig. Mit der Umstellung auf die Bioproduktion, so erklärt Bauer J, seien höhere Produktionskosten und mehr Aufwand verbunden, jedoch gebe sie ihm gleichzeitig mehr Sicherheit bei Preisschwankungen auf dem Markt. Ferkel züchte er zum Beispiel nicht, da es günstiger sei, sie zu kaufen. Die unrentable Ziegenhaltung wolle er andererseits nicht aufgeben, da sie zum Hof dazugehöre (FT).

Lediglich die Höfe, die einen gut laufenden **Gastbetrieb** oder auch eine Form des **Urlaubs** auf dem Bauernhof integrieren, scheinen ein zufriedenstellendes Einkommen zu generieren (Frau D; Herr I). Familie B betreibt ein Gasthaus und hat dazu drei Ferienzimmer, die häufig belegt seien (Frau B). Im Vergleich zu früher sei das Gasthaus heute sehr groß und liefe besser, jedoch werde das alte Bauernhaus vermisst. Die Menschen liebten das Urige und nicht die Neubauten. Die geeignetste Einkommensquelle für die Bergbauernbetriebe sei in Vellau der Urlaub auf dem Bauernhof. Die Nachfrage werde immer stärker, da die Touristen heute weniger Wert legten auf Essen und Trinken in Massen und mehr Interesse an Land und Leuten zeigten (Ehepaar H). Aber nicht nur die Touristen, auch Bauer J (FT) besucht den Buschenschank in Vellau gerne.

Frau F erklärte, dass einige Bauern und Bäuerinnen in ihrem Umfeld zusammen eine kleine, nahegelegene Alm betreiben möchten. Für eine weitere, größere **Alm** gäbe es viele Interessenten, u.a. viele Obstbauern aus dem Tal. Früher haben nur Bergbauernfamilien die Almen betrieben. Bauer J (FT) bringt seine Tiere auf eine Bioalm im Ultental. Die Alm hat einen privaten Besitzer, der Berggeld von den Bauern bezieht, die ihre Kühe auftreiben. J gehöre die Hälfte des Käses, der von der Milch produziert wird, die seine Kühe auf der Alm geben. Der Hirte, die Sennerin und der Besitzer der Alm teilen sich die andere Hälfte des Käses sowie die Einkünfte aus dem Schankbetrieb. Bauer J geht es bei der Sömmerung vor allem darum, die Resistenz seiner Tiere aufzubauen und im Sommer eine Arbeitserleichterung zu haben. Anders als Herr J legten die Hs keinen Wert darauf, ihre Kühe zur Sömmerung auf die Alm zu bringen. Sie behielten die Kühe ganzjährig im Stall.

Laut Bauer C stelle eine **Lohnarbeit** die Grundvoraussetzung für ein gesichertes Einkommen dar. Für die Hs bedeutet eine Lohnarbeit außerdem die Möglichkeit, die Berghöfe erhalten zu können. Bauer A bemühe sich dagegen den Hof so zu gestalten, dass er möglichst wenig außerhalb der Landwirtschaft arbeiten muss. Er bemerkte aber gleichzeitig, dass es andersherum einfacher wäre. Laut L hielte der Arbeitsmarkt in Südtirol nur wenig Stellen bereit, die für die Bergbauern und –bäuerinnen in Frage kämen. Diese Stellen würden darüber hinaus häufig an günstigere Arbeitskräfte aus dem Ausland vergeben (FT).

Die **Einkommensförderungen** vom Land seien, laut Frau B, für die Landwirtschaft überlebenswichtig: *„Weil vom Vieh allein kann keiner existieren. Das ist unmöglich."* Mit nur zehn oder elf Kühen am Berg sei dies umso schwieriger. Bauer J ergänzte, er würde es bevorzugen, von seinen eigenen Erzeugnissen leben zu können. Durch die Schwankungen in der Förderpolitik könne er nicht langfristig planen. Außerdem profitierten die Zwischenhändler häufig stärker von den staatlichen Unterstützungen als die Bauern und Bäuerinnen selbst (FT). Die Art der Förderpolitik bewirke zudem, dass die großen Betriebe in der Po-Ebene fast ausschließlich von Förderungen lebten, während die Kleinbauern am Berg nicht überlebensfähig seien. Der Erschwernisausgleich für Berggebiete gleiche die Nachteile nur ungenügend aus (Herr B). Die Arbeit der Bergbauern und -bäuerinnen und ihre Leistungen in Bezug auf den Erhalt der Natur würden dadurch entwertet (FT). Die EU sei in der Verantwortung, ihre Arbeit stärker zu fördern, damit die Bauern und Bäuerinnen einen Anreiz haben am Berg zu bleiben (FT).

Neben den mangelnden Förderungen beklagten die Befragten den hohen bürokratischen Aufwand, der sowohl mit dem Bezug von Förderungen als auch mit den anderen Einkommensquellen einhergehe (Frau D; Ehepaar H; FT). Eine weitere gesellschaftliche Institution, die die ökonomische Existenz am Berg erschwert, sind die hohen Hygienevorschriften. Sie erschwerten den Einstieg in die Direktvermarktung (Herr A; Ehepaar H; FT) und führten manchmal sogar dazu, dass die Produktqualität sinke. Zum Beispiel breite sich mit der Verminderung der Kolibakterien eine weitaus gefährlichere Bakterienart aus, die normalerweise von den Kolibakterien unterdrückt würde. Einige Käsereien im Tal hätten daher schon schließen müssen (FT). Die Immobiliensteuern sind ein weiterer Punkt, der in Bezug auf die ökonomische Existenzsicherung genannt wurde. Sie seien seit einigen Jahren auch von den Bergbauern und -bäuerinnen zu verrichten. Zuvor waren diese steuerbefreit (Herr J). J erklärte daher: *„Man kann eine Zitrone nicht noch mehr pressen, es kommt nichts mehr raus, denn die Leute haben keine Kohle mehr."* (FT)

Vorteilig für die Bauern und Bäuerinnen sei dagegen, dass das Land die Straßen zu den Höfen gebaut habe (Frau F). Außerdem berichtete Bauer J, dass die Mitgliedschaft im Südtiroler Bauernbund einige Vorteile bringe, u.a. die

Finanzberatung und die höhere Kreditwürdigkeit bei den Banken (FT). Auch die Etablierung der Organisationsform „Interessensgemeinschaft" sei zum Vorteil der Bauern und Bäuerinnen. Sie verlange wenig Aufwand, sei unbürokratisch und ermögliche es den Bauern und Bäuerinnen gemeinsam z.b. Schutzhütten und Almen zu betreiben oder Gerätschaften anzuschaffen. Die Lukrativität des Modells würde wiederum dadurch eingeschränkt, dass die gesamte Verantwortung bei dem Vorstand liege, der auch für Schäden durch höhere Gewalt hafte (FT).

Insgesamt wünschen sich die Bergbauern und -bäuerinnen mehr Wertschätzung und Aufmerksamkeit von den Nicht-Landwirten, dem Land Südtirol und speziell von der Gemeinde Algund bzw. Partschins. Frau D fühlt sich zu Unrecht beschimpft und nicht anerkannt, wenn sie Leserbriefe in der Zeitung liest, in denen die Bergbauern und –bäuerinnen beschimpft würden, da sie zu viele Förderungen bekämen. Auch von der Politik fühle sie sich heute allein gelassen. In den 70er Jahren seien die Berghöfe besser unterstützt worden, wenn es um Investitionen an Haus und Grund ging. Wenn es heute Förderungen gebe, dann würde man nicht einmal informiert (Frau D). Die Hs beklagen sich zudem, dass die Bezuschussung der Berglandwirtschaft nicht zum Wohlergehen für die Bauern und Bäuerinnen erfolge. Bei der Kartografierung der Wiesen und Weiden würde häufig der Schatten der Bäume mit Wald verwechselt. Dies führe dazu, dass die Menge geförderter Nutzfläche sinke. *„Der Bergbauer"* müsse um jeden qm Förderung kämpfen (Ehepaar H). Die Immobiliensteuer zu senken und die Renten für die Frauen der Landwirte, die ihr Leben lang nur auf dem Hof gearbeitet haben, zu erhöhen, wäre eine Form der Wertschätzung, die die Bergbauern und -bäuerinnen entlasten würde (Ehepaar H).

Interpretation
Es wurde deutlich, dass gesellschaftliche Institutionen eine große Bedeutung für die ökonomische Existenzsicherung der befragten Bergbauern und -bäuerinnen spielen. Ursprünglich waren die tradierten Prinzipien der Berglandwirtschaft auf den Erhalt des Hofes, als Zentrum der menschlichen Existenz, ausgerichtet (Bätzing 2015: 119f). Geld benötigten die alten Bauern und Bäuerinnen nur für den Kauf der Dinge, die auf den Höfen nicht produziert werden konnten, wie Salz, Öl, Arbeitsgeräte, Schuhe und später auch Kleidung (Girtler 2002: 28). Der Erwerb von Einkommen spielte daher eine geringere Rolle als der Anspruch, möglichst alle benötigten Produkte des Lebens selbst herstellen zu können (Streifender 2009: 66).

Mit der zunehmenden Eingliederung der Bergbetriebe in die Marktwirtschaft wurde die rational-ökonomische Denkweise stets wichtiger für die Produktionsentscheidungen am Hof. Der Übergangsprozess von der Selbstversorgung zur vollständigen, marktwirtschaftlichen Integration der Betriebe ging daher mit den einleitend genannten Anpassungsprozessen der landwirtschaftlichen Strukturen einher (vgl. Kap. „Status Quo der Südtiroler Landwirtschaft"). Hinsichtlich der Rolle der traditionellen Landwirtschaft für die ökonomische Reproduktion der Bauern und -bäurinnen heute zeichnen sich zwei gegenläufige Tendenzen ab. Zum einen wird der Hof verkleinert und der Lebensunterhalt durch eine Lohnarbeit bestritten. Zum anderen wird der Hof so umgestaltet, dass er über die Produktion von landwirtschaftlichen Primärrohstoffen hinaus, Einkommen generieren kann. Die Bereiche, in denen das Einkommen sowohl durch eine Lohnarbeit als auch durch den Hof erzeugt wird, sind vor allem der Gesellschaft zuzuordnen. Insbesondere sind dies der Tourismus, die Lebensmittelindustrie und der -handel sowie staatliche Förderungen.

Folgende Vor- und Nachteile, sowie Chancen kennzeichnen die Erwerbsformen, die von den Bergbauern und -bäuerinnen in Vellau und im Tabland wahrgenommen wurden:

- **Der Verkauf landwirtschaftlicher Primärrohstoffe:** Die landwirtschaftlichen Erzeugnisse unverarbeitet zu verkaufen, bedeutet für die Bergbauern und -bäuerinnen marktwirtschaftlich gesetzte Preise zu akzeptieren, die dem Aufwand der Produktion nicht entsprechen. Das Einkommen, das aus dem Verkauf der Milch erzeugt wird, deckt heute häufig lediglich die Betriebskosten des Hofes. Ein Großteil der befragten Bauern und Bäuerinnen liefert ihre Milch dennoch an die Südtiroler Sennereigenossenschaft. Die Sennerei bietet den Vorteil, dass der Verkauf der Milch wenig Aufwand bereitet und Zeitkapazitäten frei werden, die es ermöglichen, einer Lohnarbeit nachzugehen oder andere Erwerbsformen aufzubauen. Neben der Milch erweist sich der Verkauf anderer Primärrohstoffe für die Befragten gänzlich als unrentabel. Aus diesem Grunde vertrieb ein Bauer Ziegen nur noch symbolisch und die Schafsfälle wurden vernichtet, anstatt sie zu verkaufen. Eine Chance bietet die Bedienung von Marktnischen, zum Beispiel der Anbau von schnell verderblichem Obst. Da das Obst auf den Bergwiesen später reift, hat es ein erhöhtes Einkommenspotenzial auf dem Markt.

- **Die Direktvermarktung weiterverarbeiteter, bäuerlicher Erzeugnisse:** Die Direktvermarktung bietet die Möglichkeit, ein höheres Einkommen auf der Basis der landwirtschaftlichen Tätigkeit zu erzeugen, insbesondere wenn der Betrieb bio-zertifiziert ist. Auch in der Direktvermarktung besteht eine Abhängigkeit von den tendenziell unterbewerteten Preisen der Nahrungsmittel. Darüber hinausgehen die Weiterverarbeitung und Eigenvermarktung bäuerlicher Erzeugnisse mit einem erhöhten Aufwand einher, sodass weniger oder keine Zeit für einen Nebenerwerb bleibt. Die Direktvermarktung lohnt sich daher ökonomisch erst ab einer bestimmten Produktionsmenge, die am Berg schwer zu erreichen ist. Dieser Weg der Erzeugung von Einkommen ist daher nicht der einfachere Weg. Er bietet jedoch eine gewisse unternehmerische Gestaltungsfreiheit der Produktion.

  Eine Chance für die Direktvermarktung stellt die Steigerung der Produktion und des Absatzes mittels betrieblicher Kooperationen dar. Diese können sowohl zwischen landwirtschaftlichem Betrieb und Gasthaus als auch zwischen Betrieb und Betrieb etabliert werden. Abgesehen von der

Sennereigenossenschaft und der gemeinsamen Bewirtschaftung von Almen sind betriebliche Kooperationen heute selten. Dies wird auf zwei Ursachen zurückgeführt. Die Kooperation zweier landwirtschaftlicher Betriebe wird insbesondere durch das Festhalten am traditionellen Wert behindert, denn die betriebliche Kooperation würde den Verlust der vollständigen Betriebssouveränität bedeuten (vgl. Unterkap. „Freiheit"). Letztlich verhindert das Verharren in traditionellen Denkstrukturen nicht nur die Etablierung zukunftsweisender Einkommensstrategien, sondern es fördert auch die Vereinsamung der Betriebe (Dirscherl 1989: 53ff). Die mangelnde Kooperation zwischen Gasthäusern bzw. Hotels und landwirtschaftlichen Betrieben ist auf ein mangelndes Vertrauen der Bergbevölkerung selbst, sowohl der LandwirtInnen als auch der Nicht-LandwirtInnen, in die Beliebtheit der regionalen Produkte zurückzuführen. Dies führt dazu, dass der Absatz der Produkte über potenzielle lokale Abnehmer ausbleibt. Die Ursache des mangelnden Selbstbewusstseins ist auf die zahlenmäßige Unterlegenheit der Bergbauern und -bäuerinnen und einer tendenziell geringen, öffentlichen Wertschätzung ihrer Rolle als NahrungsmittelproduktInnen zurückzuführen.

- **Der „Urlaub auf dem Bauernhof":** Der „Urlaub auf dem Bauernhof" entstand im Rahmen des zweiten Autonomiestatuts als Projekt der Südtiroler Landesregierung mit dem Ziel, die Einkommensdisparität zwischen Stadt und Land zu senken. Da die Einnahmen, die im Rahmen des Modells „Urlaub auf dem Bauernhof" generiert werden, steuerbefreit sind, bietet es den Bauern und Bäuerinnen die Möglichkeit am Tourismus partizipieren zu können (Leonardi 2009: 108). Der Erhalt der landwirtschaftlichen Tätigkeit ist die Voraussetzung für diese Erwerbsform. Der Buschenschank ist eine Form des „Urlaubs auf dem Bauernhof". Am Beispiel Vellaus wurde deutlich, dass er eine der wenigen Erwerbsformen darstellt, bei der das Einkommen auch innerhalb der Gemeinschaft generiert wird, denn auch die Gemeinschaftsmitglieder mögen es, den Schank zu besuchen. Die Vermietung von Ferienzimmern, als weitere Form des „Urlaubs auf dem Bauernhof", generiert Einkommen wiederum ausschließlich durch den Tourismus. Insgesamt ist der „Urlaub auf dem Bauernhof" eine Form der Anpassung auf die geänderten Rahmenbedingungen, die es erlaubt, die Landwirtschaft zu erhalten (Schwärz 2011: 75). Jedoch ist der Urlaub auf dem Bauernhof auf einen Standort angewiesen, der touristisch interessant ist. Die Einkommensform kommt daher nicht für jeden Betrieb in Frage.
- **Das Gasthaus:** Das Gasthaus erzeugt Einkommen hauptsächlich durch den Tourismus. Ein gut gehendes Gasthaus ist nicht auf weitere Einnahmequellen angewiesen und noch dazu unabhängig von der landwirtschaftlichen Tätigkeit. Durch die Berglandschaft und die Atmosphäre der Hofgebäude heben sich die Gasthäuser am Berg von anderen ab. Damit profitieren auch sie von der Berglandwirtschaft. Da ein Gasthaus sehr kapitalintensiv ist und sich nur in den Gebieten lohnt, wo auch Tourismus herrscht, bietet sich auch diese Erwerbsform nicht für jeden Hof an.

- **Der Almbetrieb:** Bei der Bewirtschaftung von Almen beruht der Erwerb auf der Einnahme von Berggeld. Dies stellt die zweite Form des Erwerbs dar, bei der Einkommen innerhalb der Gemeinschaft generiert wird. Neben dem Berggeld erhalten die BewirtschafterInnen der Almen einen wesentlichen Teil ihrer Einnahmen durch den Tourismus, denn auch auf den Almen werden Speisen und Getränken verkauft und Übernachtungsmöglichkeiten angeboten. Darüber hinaus werden Almen auch deshalb betrieben, da sie die Flächenausstattung der Betriebe vergrößern. Dies hat den Vorteil, dass die Betriebe mehr Großvieheinheiten halten dürfen und sich der Anspruch auf Förderleistungen erhöht. Der Betrieb von Almen ist aus den gleichen Gründen auch für Flachlandbauern oder Obstbetriebe attraktiv. Sie treten in Flächenkonkurrenz mit den Bergbauern und -bäuerinnen.

  Die Sömmerung bietet auch den Bauern und Bäuerinnen einen ökonomischen Vorteil, die ihre Tiere auf die Alm schicken, aber weder Pächter noch Besitzer der Alm sind. Zum einen wird die Resistenz der Tiere erhöht, sodass das Risiko eines gesundheitsbedingten Ausfalls der Tiere minimiert wird. Für die kleinen Südtiroler Betriebe ist die Tiergesundheit besonders wertvoll, da der Ausfall der Tiere mit relativ hohen Einkommensverlusten verbunden ist. Zum anderen werden die Bauern und Bäuerinnen während der Sommermonate, also in der Jahreszeit, in der am meisten Arbeit auf den Wiesen anfällt, von der Arbeit mit den Tieren entlastet. Dennoch schrumpfen die zu bewirtschaftenden Almflächen und Viehzahlen auf den Almen (Tasser et al 2015: 176), denn der Aufwand für die Sömmerung wird als zu hoch empfunden, wenn neben der Hofarbeit eine Lohnarbeit getätigt wird.
- **Die Lohnarbeit:** Der Lohnerwerb stellt eine Möglichkeit dar, den Hof zu erhalten, da sich die Bergbauern und -bäuerinnen mit ihrem Gehalt selbst subventionieren. Lohnarbeitsstellen bestehen, wie bereits in Kapitel „Gemeinschaft am Berg" geschildert, zumeist außerhalb des Bergweilers. Lediglich die Gasthäuser bieten in begrenztem Umfang Stellen für Bergbauern und -bäuerinnen an. Als TeilnehmerInnen des regionalen Arbeitsmarktes haben Tertiärisierung, Stagnation des Tourismus und sinkende Konjunktur zum Zeitpunkt der Befragung negative Auswirkung auf die Chance der Bergbauern und -bäuerinnen eine geeignete Lohnarbeitsstelle zu finden. Lohnarbeitsstellen gehen daher häufig mit langen Fahrtzeiten einher. Dementsprechend können sie sowohl einen Grund dafür darstellen, die Höfe aufzugeben und ins Tal zu ziehen als auch dafür die Höfe so zu gestalten, dass ein Betrieb im Zuerwerb möglich ist.
- **Die Förderungen:** Direktzahlungen und Investitionsförderungen stellen in der Landwirtschaft einen wichtigen Posten des Einkommenserwerbs dar, den jeder Betrieb in Anspruch nimmt. Sie werden vom Staat in Abhängigkeit von der Größe der landwirtschaftlichen Nutzfläche, der Art der Bewirtschaftung und dem Erschwernisgrad der Höfe gezahlt (Holtkamp 2015: 31).

Durch die flächenabhängige Förderpolitik sehen sich die großen Landwirtschaftsbetriebe privilegiert, die Bergbauern und -bäuerinnen dagegen benachteiligt. Zum einen haben die Bergbauernbetriebe kleine Nutzflächen, deren Ausweitung durch das Gesetzt des geschlossenen Hofes aber auch auf Grund der Arbeitsintensität erschwert ist. Die Strategie „Flächenwachstum" ist für die Bergbauern und -bäuerinnen daher nur begrenzt möglich. Zum anderen sind sie eingeschränkt hinsichtlich der Art der Bepflanzung und der Viehstückzahlen. Dies führt dazu, dass die durchschnittlichen Direktzahlungen in Südtirol mit etwa 54€/ha deutlich unter dem nationalen Durchschnitt von 280€/ha liegen (Stand 2013) (Autonome Provinz Bozen 14.11.2013).

Es wurde deutlich, dass der Vergesellschaftungsprozess in der Bergbauernlandwirtschaft nach einer Phase der Spezialisierung heute „Generalisten" erzeugt (Fischer 02.08.2013), die ihren Lebensunterhalt durch die Kombination unterschiedlicher Erwerbsformen bestreiten. Jede Erwerbsform bietet Chancen und Hindernisse, sodass es keine Patentlösung gibt. Stattdessen ist jeder Bergbauernbetrieb vor die Herausforderung gestellt, ein individuell funktionierendes Einkommensmodell zu bilden. Ökonomische Kriterien sind maßgeblich für die Gestaltung der individuellen Erwerbsstrategien. Allein die Tatsache, dass die Bergbauern und -bäuerinnen ihre Höfe aufrechterhalten, beweist, dass emotionale Motive einen nicht zu vernachlässigenden Einfluss haben. In der Gestaltung der individuellen Einkommensstrategien spielen daher sowohl gesellschaftliche als auch gemeinschaftliche Aspekte eine Rolle.

Die größten finanziellen Hürden, die derzeit für die ökonomische Reproduktion der Betriebe bestehen, sind:
- die niedrigen Marktpreise der landwirtschaftlichen Produktionsgüter,
- die zu geringen Förderungen, um die Differenzen von Aufwand und Marktpreisen ausgleichen zu können,
- die hohen Hygienevorschriften,
- der hohe bürokratische Aufwand,
- die hohen steuerlichen Belastungen durch die Immobiliensteuern,
- die geringe Fläche der „geschlossenen Höfe" sowie
- der geringe Grad der Organisation unter den Bergbauernbetrieben.

Interessengemeinschaften, betriebliche Kooperationen und das Modell des „Urlaubs auf dem Bauernhof" sind die Institutionen, die sich als Antworten zur Überwindung der gegenwärtigen Herausforderungen herauskristallisieren. Alle drei Institutionen verbinden gemeinschaftliche und gesellschaftliche Strukturen, sodass sowohl dem Anspruch der ökonomischen Rentabilität, als auch dem Erhalt der traditionellen Berglandwirtschaft annähernd genügt werden kann.

Insgesamt ist hinsichtlich der ökonomischen Reproduktion ein deutlicher Vergesellschaftungsprozess festzustellen. Während die Gesellschaft wichtige **ökonomische Funktionen** für die Gemeinschaft übernimmt, bedeutet dies nicht, dass die Höfe aufgegeben werden müssen. Vielmehr werden Lösungen gesucht, die traditionelle Berglandwirtschaft ökonomisch rentabel zu gestalten. Dafür wird sowohl auf gesellschaftliche, als auch auf gemeinschaftliche Strukturen zurückgegriffen. Als zunehmend abhängiger Teil der Gesellschaft besteht dennoch der Wunsch der Individuen, eine faire finanzielle Anerkennung für ihre harte Arbeit auf den Höfen zu erhalten. Die Realität zeigt jedoch, dass die Bergbauern und -bäuerinnen derzeit eine gesellschaftliche Randgruppe bilden, die um finanzielle Leistungen der Gesellschaft kämpfen muss. Das politische Ziel, den Erhalt der Höfe zu sichern, ist daher nicht nur eine reine Frage der finanziellen Existenzsicherung, sondern muss auch die Aufhebung des Gefühls finanzieller Diskriminierung implizieren.

Ökologische Reproduktion
Hinsichtlich der Geltungsbedeutung der Gesellschaft für die ökologische Reproduktion der Kulturlandschaft wurde mehrfach betont, dass die Aspekte „Nachhaltigkeit" und „Naturschutz" für die Befragten keine Rolle spielten. Stattdessen machten sie ihre Arbeit für sich selbst ordentlich (Herr A; Herr B). Die Pflege der Kulturlandschaft gehöre einfach dazu (Herr C). Generell sei es wichtig, mehr Einkommen zu erhalten, denn vom Reden der Leute könnten sie nicht leben (Herr B). Die steilsten Hänge zu pflegen, kommt für Herr I unter den derzeitigen Voraussetzungen daher nicht in Frage:
> Dass die steilen Hänge schön aussehen, interessiert mich wenig. Sie sehen für die anderen schön aus, aber ich bekomme da nichts für. Wenn ich etwas dafür bekäme, dann vielleicht. So mache ich nichts Überflüssiges. Ich bin hier allein, Unrentables wird nicht bewirtschaftet. (Herr I)

Auch bei einigen anderen Befragten werden auf Grund von Zeitknappheit und der geringen Rentabilität Abstriche in der Pflege der Wiesen und dem Umgang mit den Tieren gemacht. Wie in Kapitel „Ökonomische Reproduktion" schon erläutert, werden die Kühe der Hs nicht mehr auf die Weide gelassen. Darüber hinaus beschrieb Frau D, sie und ihr Mann schafften es nicht mehr, alle Wiesen instand zu halten (vgl. Unterkap. „Heimat").

Hinsichtlich der Umweltvorschriften gab Bauer B an, dass die traditionelle Landwirtschaft weitergeführt werden könne wie früher. Auch Frau F war der Meinung, dass es nur im Naturschutzgebiet Texelgruppe zu Problemen mit den Umweltvorschriften käme. Die Vorschriften seien dort anders als im Tabland. Die Hs zeigten sich jedoch unzufrieden, da viele Vorschriften die Arbeit auf den Höfen behindere, z.B. dürften sie den Grünschnitt auf Grund der Brutzeit nicht entfernen, die Mauer müssten sie aus Denkmalschutzgründen erhalten und die Haselnusshecke aus Naturschutzgründen. Die Begrenzung der Viehstückzahlen befürworteten sie dagegen, da ohne diese Reglementierung viele Weiden übernutzt würden. Die Starrheit der Viehstückgrenzen empfanden sie dennoch als negativ. Nur durch das Pachten einer Alm könnten die starren Grenzen gelockert werden. Wer seine Flächen durch den Besitz einer Alm erweitert, dürfte automatisch mehr Tiere halten, obwohl im Winter der gleiche Platz zur Verfügung stehe. Neben den Klagen der Hs rügt Bauer J ein Bärenprojekt, das ein Tierschutzbund in Südtirol initiiert habe. Die Bären, die ausgesetzt wurden, rissen jetzt das Vieh der Bauern, da sie im touristischen Südtirol zu wenig Lebensraum haben. Die Bauernlobby sei jedoch zu schwach, um sich gegen den Umweltschutz durchzusetzen (FT). Hinsichtlich der Umweltverträglichkeit der Landwirtschaft wurde berichtet, dass in der industriellen und konventionellen Landwirtschaft viel Wissen verlorengegangen sei. Vereinheitlichung, Allergien und Nahrungsmittelunsicherheit seien die Folge (FT). Bauer J möchte dagegen geschlossene Kreisläufe aufbauen und möglichst viel Futter vom eigenen Hof oder aus der Region beziehen. Die Schweine füttert er zum Beispiel mit der sonst umweltschädlichen Molke, einem Nebenprodukt der Milcherzeugung, und den Gemüseabfällen eines Bio-Händlers im Tal, den er mit seinem Käse auch beliefert (FT). Das Wissen über die Berglandwirtschaft erlernen die Kinder im Umgang mit der Natur und durch das Mithelfen am Hof (FT). Das Leben in der freien Natur habe auch positive Auswirkungen auf die Schulleistungen der Kinder, da sie sich besser konzentrieren könnten (FT).

Insgesamt sind sich die Befragten über ihre Rolle für den Erhalt der Natur und dessen Wert für die Südtiroler Gesellschaft bewusst. So erläutert Bäuerin E, „Der Bergbauer erhält die Landschaft, er bekommt jedoch kein Ansehen dafür." Ähnlich fordert Herr H, ohne die Bergbauern und -bäuerinnen würden die Hänge verwildern. Alle Höfe sollten einmal ein Jahr lang nicht bewirtschaftet werden, damit die Leute die Auswirkung bemerken. Bauer B betont, dass es wichtig sei, mehr Einkommen für diese Leistung zu erhalten, denn vom Reden der anderen könne er nicht leben. Dabei solle bedacht werden, dass nicht nur der Tourismus von der gepflegten Landschaft profitiert, sondern die Südtiroler im Allgemeinen. In anderen Tälern bedanke sich die Gemeinde daher bei den Bergbauern und -bäuerinnen für den Erhalt der Landschaft, in Algund jedoch müssten die Bauern und Bäuerinnen für jede Leistung der Gemeinde kämpfen (Ehepaar H).

Interpretation
Die Alpen im Naturzustand boten den Menschen geringe Nutzungsmöglichkeiten, da die überwiegende Waldfläche kaum Landwirtschaft zuließ und die natürlichen Prozesse häufig eine existenzbedrohende Sprunghaftigkeit entwickelten, z.B. Lawinen oder Murenabrutsche. Die Bergbauern und -bäuerinnen mussten daher einerseits in die natürliche Vegetation eingreifen und Wälder roden, andererseits mussten sie die Naturdynamiken verstetigen. Zentral war dabei das Problem, dass durch die Rodung des Waldes zum Aufbau einer Wiese oder Weide, die Naturdynamik erhöht wurde (Bätzing 2009: 161). Mit dem Ziel der ökologischen Reproduktionsfähigkeit entwickelten sich daher in allen Systemen der Berglandwirtschaft vier Basisprinzipien:
1. die Akzeptanz ökologischer Nutzungsgrenzen,
2. die entsprechende Nutzung der kleinräumigen Naturlandschaft,
3. die richtige Balance aus Über- und Unternutzung der Landschaft sowie die Einhaltung angepasster Nutzungszeiträume und
4. das passende Maß an Pflege- und Reparaturarbeiten an der Landschaft (Bätzing 2009: 162).

Durch die regelmäßige Pflege und Bewirtschaftung konnten die Bergbauern und -bäuerinnen die ökologische Stabilität der Landschaft, trotz ihres Eingreifens, erhalten und auf den natürlicherweise instabilen Almflächen sogar erhöhen.

Bis heute hat die Einhaltung der tradierten Bewirtschaftungsprinzipien nicht nur eine wichtige **ökologische Funktion** für die Existenz der BerglandwirtInnen sondern für die gesamte Gesellschaft. Diese liegt vor allem im Erhalt der Biodiversität und der Stabilität der Kulturlandschaft als natürliche Lebensgrundlage (Baur et al. 1999: 269). Gerade das Vorhandensein unterschiedlicher Ökosysteme wie Wald, Wiesen, Weide und Almen macht die alpine Berglandwirtschaft zu einem außergewöhnlich artenreichen Biotop im Herzen Europas. Die Nutzungsaufgabe der landwirtschaftlichen Nutzflächen zieht schon heute eine größtenteils unkontrollierte Wiederbewaldung und den Verlust von Artenvielfalt nach sich. Bevor die stillgelegten Flächen ihr natürliches Gleichgewicht wiedererlangt haben, sind sie darüber hinaus einer erhöhten Erosionsgefahr ausgesetzt. Für die Bevölkerung und Infrastruktur im Alpengebiet bedeutet dies eine gesteigerte Bedrohung durch Naturgewalten, wie Lawinen und Murenabrutsche (Bätzing 2015: 261ff).

Die Vergesellschaftungstendenzen der Bergbauerngemeinschaften nimmt auf zwei Arten Einfluss auf die Einhaltung der tradierten Bewirtschaftungsprinzipien. Zum einen veranlasst die an ökonomischen Kriterien orientierte Denkweise dazu, die tradierten Pflege- und Bewirtschaftungsprinzipien zu vernachlässigen. Unter anderem wird die Bewirtschaftung der Grenzertragsflächen bis zur Nutzungsaufgabe extensiviert, die ertragreichsten Flächen werden überbeansprucht und die Produktionsvielfalt begrenzt, sodass die biologische Vielfalt und Stabilität der Alpenlandschaft gefährdet wird. Zum anderen werden Gesetze erlassen, die die Bewirtschaftung der Kulturlandschaft formell regeln, sodass den ökologischen Auswirkungen der Vergesellschaftung entgegengewirkt werden kann. Diese Regelungen werden von den Bergbauern und -bäuerinnen tendenziell als wenig störend wahrgenommen, da sie auf den traditionellen Prinzipien der Kulturlandschaft aufbauen. Andere gelten sogar als sinnvoll, da sie die traditionellen Regelungen der Bergbauern und -bäuerinnen stärken, die unter dem ökonomischen Druck verloren gehen. Einige Gesetze des Landschaftsschutzes dringen jedoch zu weit in den Entscheidungsfreiraum der BetriebsleiterInnen ein, da sie die Arbeit auf den Höfen behindern und nicht auf den traditionellen Regeln beruhen. Die Begrenzung der Viehstückzahlen, zum Beispiel, wird im Wesentlichen unterstützt. Die Starrheit der Regelungen stellt jedoch einen Affront gegen die Entscheidungsfreiheit und die Expertise der Bauern und Bäuerinnen hinsichtlich der Belastbarkeit ihrer Nutzflächen dar. Anders als die traditionellen Reglungen, die auf der sozialen Kontrolle durch die Gemeinschaft beruhen (vgl. Kap. „Soziale Reproduktion"), kommt hinzu, dass die gesetzlichen Regelungen umgangen werden können. Im Falle der Begrenzung der Viehstückzahlen kann das Limit der erlaubten Viehzahlen erhöht werden durch die Anpachtung von Almflächen. Traditionell darf ein

Betrieb nur so viel Vieh halten, wie im Winter mit dem Heu der eigenen Flächen versorgt werden kann. Da die gesetzlichen Lücken dieses Prinzip aushebeln, verliert die Regelung insgesamt an Legitimität.

Die Biobranche stellt eine Möglichkeit für die Bergbauern und -bäuerinnen dar, die traditionellen Bewirtschaftungsprinzipien unter Einhaltung der Zertifizierungskriterien gewinnbringender zu vermarkten. Aufgrund der geringen Größe der Betriebe, sind die Zertifizierung und die regelmäßigen Kontrollen jedoch sehr kostenintensiv, sodass sich hier Aufwand und ökonomischer Nutzen teilweise aufheben. Die Entscheidung für einen Bio-Betrieb wird daher auch aus ideologischen Gründen getroffen und kann gleichzeitig Anlass geben zur Festigung lokaler Wirtschaftskreisläufe.

Insgesamt sind sich die Bergbauern und -bäuerinnen ihrer Funktion für die Gesellschaft bewusst. Der allgemeine Vergesellschaftungsprozess veranlasst sie dazu, einen gerechten finanziellen Gegenwert für diese Leistungen einzufordern. Über das Einkommen spielt auch der gesellschaftliche Wert der ökologischen Nachhaltigkeit eine Rolle für die Bergbauern und -bäuerinnen. Die Rolle der Nahrungsmittelproduktion sinkt dagegen. Die Bergbauern und -bäuerinnen empfinden es daher heute als abwertend, nicht allein von ihrer landwirtschaftlichen Arbeit leben zu können, trotz ihrer Funktionen für den Erhalt der Kulturlandschaft. Darüber hinaus sehen sie sich dem Umweltschutz untergeordnet, der heute eine höhere Gestaltungshoheit in Hinblick auf die Bewirtschaftung der Kulturlandschaft hat als die Bergbauern und -bäuerinnen selbst. Letztlich genießen die Bergbauernbetriebe für ihre Naturschutzfunktion zwar ein gesellschaftliches Ansehen, jedoch fehlt es einerseits an einer konkreten Wertschätzung und andererseits an politischen Mitbestimmungsrechten.

Soziale Reproduktion
Hinsichtlich der sozialen Reproduktion wurden verschiedenen Lebensbereiche angesprochen. In Bezug auf die Bedeutung der Gesellschaft für die bäuerliche **Kultur** wurden diverse Aussagen gemacht. Viele Befragte berichteten von einem Zerfall der bäuerlichen Kultur, der mit dem Verlust des Gemeinschaftsgefühls einherginge (vgl. Kap. „Wechselseitige Beziehungen"; „Aktivkultur"). Gerade in Vellau seien Traditionen unwichtig geworden, stattdessen schaue jeder, dass er gut leben könne und der Hof rentabel bleibe. Dennoch erklärte Bauer J, stelle der Bauernstand die kulturelle Säule Südtirols dar (Herr J). Für die Pflege der Tradition und der Kultur würden die Bergbauern und -bäuerinnen einerseits bewundert und akzeptiert (Herr A), andererseits verstünden viele Leute im Tal das bäuerliche Leben nicht, da sie den Berg nicht heraufkämen (Ehepaar B). Die Leute im Tal wüssten daher sehr wenig über die Landwirtschaft, woher die Milch käme und warum man regelmäßig melken müsse (Ehepaar H).

In Bezug auf den Bereich „**(Aus-)Bildung**" erklärten einige der Befragten, einen Beruf zu erlernen sei die wichtigste Voraussetzung der Existenzsicherung. Nur noch wenige junge Menschen wollten Bauern oder Bäuerinnen werden (Frau D). Laut Frau F entschieden sich viele junge Leute heute zu studieren, damit sie später einen Job fänden. Da es für Studierte schwierig sei eine Stelle zu finden, wandere die Jugend in die italienischen oder österreichischen Städte ab (FT). Bauer A erläuterte, er habe drei Jahre die Landwirtschaftsschule besucht, eine Fachoberschule mit der Ausrichtung „allgemeine Landwirtschaft". Die Ausbildung habe seinen Wunsch Landwirt zu werden gestärkt. Da diese Schule zu seiner Zeit noch kein Abitur anbot, es ihm aber wichtig gewesen sei den Abschluss zu haben, besuchte er danach die Handelsschule in Meran, die für seine Interessen jedoch wenig hilfreich war. Denn „*im Betrieb muss man eigene Lösungen entwickeln"* (Herr A). Die praktisch orientierte Landwirtschaftsschule habe ihm jedoch sehr bei der Bewältigung der Herausforderungen in der Landwirtschaft geholfen (Herr A). Heute sei es auch möglich, auf der Landwirtschaftsschule Abitur zu machen. Im Unterschied zu Bauer A wurde Herr D als Kind zu verstehen gegeben, die schulische Ausbildung sei unwichtig, er werde Bauer. Ohne eine Ausbildung, so Frau D, sei man an den Hof gebunden. Bauer J erklärte dagegen, auch er habe neben der Arbeit auf dem Hof nichts „Gescheites" erlernt. Dennoch glaube er, auf Grund seiner Fähigkeiten einen Job im Tal finden zu können (Herr J).

Hinsichtlich des Bereichs „**soziale Vor- und Fürsorge**" lobte Bauer J das Pflegesystem von Land und Kommunen. In Südtirol würden Pflegegelder recht einfach bewilligt. Die Gelder vom Land mit dem Gesparten vom Vater haben fast gereicht, um das Pflegeheim zu bezahlen. Den Rest der Kosten habe die Gemeinde getragen. Den Vater weiter auf dem Hof zu pflegen sei am Ende nicht mehr möglich gewesen. Frau B pflegte ihre Mutter zum Zeitpunkt des Interviews dagegen schon seit 20 Jahren auf dem Hof (Frau B). Wie schon in Unterkapitel „Hof" beschrieben, besteht für geschlossene Höfe die gesetzlich geregelte Pflicht, zulasten des Hoferben bestimmte Fruchtgenussrechte gegenüber den Altbauern und -bäuerinnen zu gewähren. Bauer J äußerte dazu, er sei froh, dass starke Formen des Fruchtgenusses heute nicht mehr angewandt würden. Frau D wies indes darauf hin, dass sie nicht nur die Eltern sondern auch noch die Schwestern ihres Mannes zu versorgen habe. Die Probleme, die durch den geschlossenen Hof entstünden, würden häufig verschwiegen. Hinsichtlich der Rentenvorsorge berichten sowohl J als auch H, es sei wichtig in einen Zusatzrentenfond einzuzahlen, da die Rente in der Landwirtschaft angesichts des demografischen Wandels sehr gering sei (Ehepaar H; Herr J). J könne es sich jedoch nicht leisten, zusätzlich 500€ monatlich in den Rentenfond einzuzahlen. Sein derzeitiger Rentenanspruch liege daher derzeit bei etwa 230€ (Herr J). Ein weiteres Thema, dass von den jüngeren Bergbauern und -bäuerinnen angesprochen wurde, stellt das Elterngeld dar. Mehrfach wurde kritisiert, dass Eltern, die in der Landwirtschaft gemeldet sind, keinen Anspruch auf Elterngeld haben. Diesen Umstand empfanden die Befragten belastend und ungerecht (Herr I; Herr J; Ehepaar H). Außerdem entschieden sich die Bergbauern und -bäuerinnen auf Grund des fehlenden Elterngeldes häufig dafür, nur noch ein Kind zu bekommen (Ehepaar H).

Politisch fühlen sich die Bergbauern teils gut und teils schlecht vertreten. Herr B hatte nicht das Gefühl ein Mitspracherecht in der Politik zu haben, da die Politiker niemanden ernst nähmen, der nicht „*in ihrem Kreise walte*". Frau F ging so weit zu sagen, die Politiker in Südtirol seien korrupt. „*Wir [die Bergbauern und -bäuerinnen] schwimmen gegen den Strom!*" Die Fraktionen haben kaum eigene Verwaltungen und zumeist sind die Interessen der Bergbauern und -bäuerinnen, im Vergleich zu den anderen Einwohnern, in der Minderzahl (Herr J). Bauer A dagegen, gab an, sich in der Politik gut vertreten zu fühlen, da die Landwirte viele Vertreter haben. Der Bauernbund habe darüber hinaus auch eine hohe Entscheidungsmacht in politischen Angelegenheiten. Bauer I findet, lediglich in der Gemeinde seien die Bergbauern und -bäuerinnen gut vertreten, beim Land nicht. Die Hs rügten derweil, dass die Gemeinde Algund den Bergbauern und -bäuerinnen keine Aufmerksamkeit schenke und sie im Stich lasse. Zum Beispiel sei der Schneeschieber früher immer zuletzt zum Berg gekommen, obwohl dort am meisten Schnee liege und die Menschen früh auf die Straßen gingen. Auch der Strom wurde zuletzt auf den Berg verlegt. Die Hs wünschen sich, dass sie von der Gesellschaft respektiert werden und dass gesehen werde, was die Bergbauern für die Gesellschaft leisten. Politiker sowie Kinder sollten wissen wie ein Hof funktioniert und verstehen, dass ein Bauer das ganze Jahr für das Vieh da sein muss. Derzeit würden die Kinder der Bergbauern und -bäuerinnen in der Schule als „Bauerndeppen" angesehen. Den Eltern würde nachgesagt, sie betrieben Kinderarbeit, da die Kinder mit der Hofarbeit aufwachsen und mitarbeiten (Herr A; Frau F; Ehepaar H). Bäuerin D gab daher an, sie fühle sich wie das letzte Rad am Wagen und die Hs als würden sie bestraft. Bauer J erklärte, sowohl die EU als auch die Gesellschaft müsse sich fragen, was es ihr Wert sei, dass die Bergbauern „weitermachen" (FT).

Interpretation
Die ökologischen Prinzipien der traditionellen Bergbauernlandwirtschaft sind der Kern einer spezifischen bergbäuerlichen Soziokultur, dessen Funktion es ist, den Erhalt der ökologischen Reproduktionsfähigkeit zu wahren. In der germanischen Berglandwirtschaft liegt die Hauptverantwortung für den Erhalt der ökologischen Reproduktionsfähigkeit beim Hof, als materielle und kulturelle Existenzgrundlage der aktuellen und kommenden Hofgemeinschaften. Die sozialen Strukturen sowie kulturelle Normen und Werte zielen daher auf den Erhalt der einzelnen Höfe ab. Wie in Kapitel „Gemeinschaft am Berg" gezeigt werden konnte, bedeutet dies nicht, dass die Nachbarschaftsgemeinschaft deshalb unwichtig ist. Vielmehr muss vor Ort eine stabile, funktionierende Gemeinschaft vorhanden sein, die die Prinzipien der nachhaltigen Landnutzung kontrollieren kann (Bätzing 2009: 167ff). Die Prinzipien der ökologischen Reproduktion sind in der traditionellen Bergbauernlandwirtschaft daher untrennbar mit den Prinzipien der sozialen Reproduktion verbunden (Bätzing 2015: 120ff).

Der Einfluss der Gesellschaft auf die soziale Reproduktion der Gemeinschaft ist prägend. Die ökonomisch-rationalen Denk- und Handlungsstrukturen der Gesellschaft führen dazu, dass kulturelle Sitten und Bräuche innerhalb der Bergbauerngemeinschaften erodieren. Statt diese kulturellen Identifikationspunkte zu leben, werden sie immer mehr zu ökonomischen Zwecken ausgeübt und in den Tälern an die Touristen „verkauft". Gleichzeitig übernehmen die Individuen der Bergbauerngemeinschaft gesellschaftliche Werte, die mit deutlichen Individualisierungstendenzen einhergehen. Wenn soziale Verpflichtungen wie der Besuch kultureller Gemeinschaftsveranstaltungen oder die regelmäßige Mad der Bergwiesen unter dem Vorwand ökonomischen Drucks an Verbindlichkeit verlieren, ist dies ein deutliches Zeichen für den Prozess der Vergesellschaftung.

Dieser Prozess findet in unterschiedlichen sozialen Bereichen statt. Er wird sowohl negativ als auch positiv wahrgenommen, je nachdem wie ausgeglichen der Austausch der Funktionen zwischen Gesellschaft und Gemeinschaft ist.

Die **(Aus-) Bildungsfunktion** der Gesellschaft hat heute eine hohe Bedeutung für die Gemeinschaftsmitglieder, da sie die Grundlage einer gesicherten Existenz bildet. Während eine Berufsausbildung die Chancen auf eine Lohnarbeit erhöht, die neben dem Hof ausgeübt werden kann, bedeutet die universitäre Ausbildung generell die Migration der potenziellen HofnachfolgerInnen in die italienischen oder österreichischen Großstädte. Das traditionelle Wissen der Gemeinschaftsmitglieder wird dagegen geringer bewertet und sogar als unnütz erachtet, denn die Generierung von Einkommen auf Basis des traditionellen Wissens ist müßig und nicht ausreichend. Dennoch wird immer wieder ein gewisser Stolz über die Fähigkeiten der Bergbauern und -bäuerinnen deutlich. Die Ausbildung auf einer landwirtschaftlichen Fachhochschule verbindet die Bildungsfunktion von Gemeinschaft und Gesellschaft. Sie ist hilfreich, um die Anforderungen der Vergesellschaftung im Betrieb bewältigen zu können.

Hinsichtlich der **sozialen Für- und Vorsorgefunktion** der Gesellschaft wurde deutlich, dass das staatliche Pflege- und Rentensystem eine finanzielle Entlastung für die Bergbauernbetriebe darstellt. Dennoch ist die Pflege und Versorgung der Eltern gemäß des Fruchtgenussprinzips auf den Höfen weiterhin üblich. Die Höfe sind daher auch für den Staat eine Entlastung. Während das Südtiroler Pflegesystem gelobt wird, werden die Rentenzahlungen in der Landwirtschaft als ungenügend empfunden. Das Rentensystem benachteiligt insbesondere die Bauern und Bäuerinnen, die ihr Leben lang auf den Höfen arbeiten und dort soziale sowie ökologische Pflegearbeiten verrichten, ohne in eine Rentenkasse einzuzahlen. Da ihre Arbeit auch der Gesellschaft zugutekommt, wird diese Tatsache als besonders ungerecht empfunden. Neben der Altersvorsorge sehen sich insbesondere die jüngeren Bergbauern und -bäuerinnen von der Familienpolitik benachteiligt, da der Anspruch auf Elterngeld verfällt, sobald beide Eltern in der Landwirtschaft tätig sind. Auch wenn Vater und Mutter am Hof arbeiten, sind die Bergbauernfamilien auf Elterngeld und eine familienfreundliche Infrastruktur angewiesen, da immer weniger Großeltern auf den Höfen leben und neben der Hofarbeit wenig Zeit für die Kinderbetreuung bleibt. Die gegenwärtige Familienpolitik fördert die Hofstilllegung daher in zweierlei Hinsicht. Einerseits ist sie diskriminierend, andererseits führt sie dazu, dass die Bergbauernfamilien weniger Kinder bekommen und somit weniger potenzielle HofnachfolgerInnen zur Verfügung stehen.

Die **politische Repräsentation** der Gemeinschaftsmitglieder innerhalb der Gesellschaft wird unterschiedlich empfunden. Während sich wenige Bergbauern und –bäuerinnen politisch gut vertreten fühlen, hat ein Großteil der Gemeinschaftsmitglieder das Gefühl, zu wenig Mitspracherecht in der Politik zu haben und von der Politik zu wenig Beachtung für die eigenen Interessen zu finden. Sowohl auf Gemeinde- als auch auf Landesebene ist diese Situation auf die geringe zahlenmäßige Bedeutung der Bergbauern und -bäuerinnen zurückzuführen. Die mangelnde Repräsentanz der Bergbauern und -bäuerinnen äußert sich auf Gemeindeebene insbesondere in der geringen Bereitschaft zu infrastrukturellen Leistungen für die BergbewohnerInnen. In Algund bessert sich diese Situation seitdem die Bergbauern und -bäuerinnen ihre Interessen innerhalb der Gemeinde selbst vertreten. Auf Landesebene haben die Bauern und Bäuerinnen mit dem Südtiroler Bauernbund eine starke politische Lobby. Da der Bauernbund jedoch die Interessen aller Bauern und Bäuerinnen in Südtirol vertritt, also auch die der Obstbetriebe, fühlen sich nicht alle Bergbauern und -bäuerinnen angemessen repräsentiert.

Insgesamt stellt die Gesellschaft wichtige soziale Funktionen für die Gemeinschaft bereit. Aber auch die Gemeinschaft übernimmt soziale Funktionen für die Gesellschaft. Tendenziell besteht der Wunsch nach einer höheren Anerkennung und Wertschätzung ihrer kulturellen Lebens- und Wirtschaftsweise im Allgemeinen. Eine Form der Anerkennung ist die Auszeichnung der „Erbhöfe". Dabei handelt es sich um einen Titel, der Bergbetrieben verliehen wird, wenn sie mindestens 200 Jahre durch eine Familie bewirtschaftet werden. Die Auszeichnung ist eine Ehre für die Erbhofträger, jedoch ist sie keine Garantie für den Erhalt der Höfe, denn effektiv ändert die Auszeichnung nichts an der Situation der Bergbauern und -bäuerinnen (Baumgartner 1994: 161ff).

Eine weitere Forderung nach Anerkennung bezieht sich daher auf die Aufnahme der bergbäuerlichen Bedürfnisse in die sozialen Institutionen der Gesellschaft, insbesondere in das Bildungssystem und das System der sozialen Vor- und Fürsorge. Dafür wäre es notwendig die Politik insgesamt zu ändern und die differenzierten Bedürfnisse der bergbäuerlichen Gemeinschaften zu integrieren, inklusive eines höheren Mitspracherechts der Bergbauern und -bäuerinnen als gesellschaftliche Minderheit. Insgesamt ist der Erhalt der Bergbauernlandwirtschaft eine Frage der Anpassungsfähigkeit der Gemeinschaft an die Einflüsse der Gesellschaft aber auch seitens der Gesellschaft an die Bedürfnisse der Gemeinschaften.

Fazit

Die Bergbauernlandwirtschaft in den Alpen ist ein europäisches Beispiel traditioneller Lebens- und Wirtschaftsweise mit einer Jahrtausende alten Geschichte. Die äußert kleinstrukturierte, traditionelle Berglandwirtschaft ist jedoch seit der Etablierung der Marktwirtschaft und der industriellen Landwirtschaft in weiten Teilen der Alpen vom Zerfall bedroht und mit ihr der Charakter der Alpen. Die Alpenanrainerstaaten verpflichteten sich daher völkerrechtlich, die Bergbauernlandwirtschaft zu erhalten.

Im Hinblick auf die Etablierung einer erfolgreichen Förderpolitik war es das Ziel der vorliegenden Forschungsarbeit, eine Antwort auf die Frage geben zu können, was die verbleibenden Bergbauern und -bäuerinnen zum Erhalt ihrer Landwirtschaft bewegt?

In der Annahme, dass die Antwort auf das Forschungsinteresse in der soziokulturellen Dimension der Berglandwirtschaft liegt, lag der Fokus der Arbeit auf der kollektiven Identität und Gemeinschaft der Bergbauern und -bäuerinnen. Diese wurden am Beispiel der Bergweiler Vellau und Tabland analysiert. Die Untersuchungsgebiete liegen im Zentrum der autonomen Region Südtirol, Italien. Sie bietet, auf Grund der geringen Stilllegungsraten der landwirtschaftlichen Betriebe, die passende Voraussetzung zur Beantwortung des Forschungsinteresses.

Diskussion der Forschungshypothese
Theoretische und empirische Erkenntnisse zu den Konzepten „Kollektive Identität" und „Gemeinschaft" sowie zur Bergbauernlandwirtschaft in Südtirol führten zu folgender Forschungshypothese:
Die Bergbauernhöfe eines Bergweilers bilden eine Gemeinschaft mit einer spezifischen, kollektiven Identität. Durch den Prozess der Vergesellschaftung erodiert die Gemeinschaft zunehmend. Dies hat Auswirkungen auf die Attraktivität des Bergbauerndaseins.
Diese These wurde anhand von drei Arbeitsfragen untersucht, die im Folgenden zusammenfassend dargestellt werden.

Bilden die Bergbauern und -bäuerinnen eines Bergweilers (noch) eine kollektive Identität?
Kollektive Identität stellt den Kern einer jeden Gemeinschaft dar. Die Zugehörigkeit zu einer Gemeinschaft ist ein soziales Bedürfnis jeden Individuums, da die kollektive Identifizierung mit der Gruppe die Voraussetzung für die Selbstdefinition und Verortung des Individuums im sozialen Raum ist. Kennzeichnend für diese Identität sind:
- ein kollektives Bewusstsein, das aus einem gemeinsamen Werterahmen gespeist wird,
- die Zugehörigkeit der Individuen zur Gemeinschaft, welche auf Grund der Anerkennung der gemeinschaftlichen Werte durch das Individuum

und die Anerkennung des Individuums durch die Mitglieder der Gemeinschaft besteht,
- die Abgrenzung der Gemeinschaftsmitglieder von anderen Gruppen und Individuen auf der Grundlage der gemeinsamen Werte.

Die Analyse der kollektiven Identität ergab, dass weder in Vellau noch im Tabland ein einheitliches **kollektives Bewusstsein** vorlag. Stattdessen bezogen sich die Zugehörigkeitsgefühle der befragten Bergbauern und -bäuerinnen gleichzeitig auf die „Hofgemeinschaft", die „Nachbarschaftsgemeinschaft" sowie die „Bergbauern und -bäuerinnen im Allgemeinen". Hinsichtlich des nachbarschaftlichen Kollektivbewusstseins wurde eine weitere Differenzierung nach Erwerbsform und Alter der BetriebsleiterInnen evident. Generell bezog sich das Bewusstsein nachbarschaftlicher Zusammengehörigkeit ausschließlich auf die aktiven Bergbauernbetriebe der Ortsteile, nicht jedoch auf Haushalte ohne Landwirtschaft. Im Vergleich zu früheren Zeiten zeichneten sich zwei gegenläufige Tendenzen des nachbarschaftlichen Kollektivbewusstseins ab. Allgemein wurde eine Erosion des Zusammengehörigkeitsgefühls und die Fokussierung der Individuen auf die Hofgemeinschaft lamentiert. Innerhalb der Gruppe Vellauer Jungbauern wurde dagegen ein neu entfachtes Gefühl der Zusammengehörigkeit evident, dass mit alten Fehden und Streitigkeiten zwischen den Höfen bricht.

Trotz des generellen Verlusts der Zusammengehörigkeit beschrieben die Bergbauern und -bäuerinnen zahlreiche **kollektive Werte**. Besonders wurden die gute Arbeitsmoral und die nachhaltige Wirtschaftsweise der Berglandwirtschaft hervorgehoben. An anderer Stelle wird dagegen betont, dass die Pflege der Kulturlandschaft nicht auf Grund der Nachhaltigkeit betrieben wird. Diese Tatsache lässt zum einen darauf schließen, dass das Selbstbild der Bauern und Bäuerinnen vom Fremdbild der Gesellschaft maßgeblich beeinflusst wird. In diesem Fremdbild wird die Bergbauernlandwirtschaft in erster Linie über ihre Funktion für den Erhalt der Kulturlandschaft definiert. Zum anderen wird deutlich, dass das Selbstbild nicht zu 100% mit den Werten übereinstimmt, an denen die Individuen ihr Alltagshandeln tatsächlich orientieren.

Konkrete Handlungsrelevanz für den Erhalt der Höfe haben die Werte „gut Leben", „Freiheit", „Hof" und „Heimat". Sie sind ausschlaggebend für das **Zugehörigkeitsgefühl** der Befragten zur Gemeinschaft. Die Analyse dieser Werte macht sowohl Anpassungsprozesse hinsichtlich ihrer Deutung als auch eine Erosion ihrer Verbindlichkeit deutlich.

Der Anspruch des **guten Lebens** ist ein Synonym für als sinnvoll erachtetes Handeln innerhalb sozial vorgegebener Sinndeutungsmuster. In vormodernen Zeiten waren die Sinndeutungsmuster und damit auch das gute Leben vom Kollektiv vorbestimmt, eine Entscheidungsfreiheit für das Individuum bestand nicht. Im Gegensatz zur Vormoderne hat die individuelle Identität einen erhöhten Einfluss auf die individuelle Konstitution des guten Lebens. Dies bedeutet, dass der Erhalt der Höfe nicht mehr ausschließlich durch die kollektive Identität vorbestimmt ist, sondern zunehmend zu einer eigenverantwortlichen Entscheidung seitens der Individuen wird. Gänzlich frei und losgelöst von der kollektiven Identität ist die Entscheidung über die Weiterführung der Höfe jedoch nie, denn die Auswahl an sinnvollen Handlungsoptionen, die dem Individuum zur Verfügung stehen, sind immer ein Produkt vormals ausgehandelter, sozialer Interaktionen.

Der tradierte Wert der bäuerlichen **Freiheit** bezieht sich heute in erster Linie auf die unternehmerische Selbstständigkeit der Bauern und Bäuerinnen und dem Leben und Arbeiten in der Natur. Nur wenige Befragte konnten jedoch die starken Abhängigkeitsbeziehungen zu Staat, Wirtschaft und Gesellschaft mit dem Anspruch der Freiheit in Einklang bringen. Widerstand gegen die bestehenden Abhängigkeitsstrukturen wurde dennoch lediglich in Form privater Rebellionen gegen staatliche Regelungen getätigt. Der Grund dafür liegt in dem idealisierten Bild vom freien Leben der selbstständigen Kleinbauern und -bäuerinnen. Dieses wird sowohl von außen an die Bauern und Bäuerinnen herangetragen, als auch als Sehnsuchtsort von den Befragten selbst imaginiert. Obwohl die Ausübung der Berglandwirtschaft mit starken Abhängigkeitsbeziehungen und staatlichen Eingriffen in die Entscheidungsfreiheit einhergeht, hat der Wert der Freiheit heute noch immer eine hohe Handlungsrelevanz für den Erhalt der Höfe. Dennoch nimmt das Bewusstsein für die Unfreiheiten in der Berglandwirtschaft zu, was einen Grund für die Hofaufgabe darstellen kann.

Der **Hof** hat gegenwärtig, im Unterschied zu früher, in erster Linie einen emotionalen Wert für die Befragten, denn er integriert wesentliche Elemente der individuellen als auch der kollektiven Identität seiner BesitzerInnen. Indem der Betrieb aufrechterhalten und in ihn investiert wird, binden sich die BetriebsleiterInnen auch in materieller Hinsicht an den Hof. Die traditionellen Handlungsprinzipien, die mit dem Hof verbunden sind, verlieren unter dem ökonomischen Druck, der auf der Bergbauernlandwirtschaft lastet, zunehmend an Verbindlichkeit und Legitimität. Das traditionelle Erbfolgeprinzip des geschlossenen Hofes, inklusive der Verpflichtungen gegenüber den Altbauern und Miterben wird kritisiert, da die Wirtschaftsgründe der Höfe heute kaum mehr in der Lage sind, eine Familie zu ernähren. Eine Lockerung des Gesetzes hinsichtlich der Möglichkeit der Betriebserweiterung als auch der Betriebsteilung wird daher erwünscht. Obwohl der Hof sowohl finanziell als auch sozial an Bedeutung einbüßt, bildet die Tradition der kontinuierlichen Hofweitergabe eine zentrale Sorge der Alt- und Jungbauern. Die Entscheidung für oder gegen die Hofweiterführung wird geprägt von zwei gegenläufigen Interessen, der Erhalt der familiären Identität gegenüber der Chance auf ein Leben, das finanziell sicherer und weniger arbeitsreich ist als das Leben auf dem Hof.

Der Wert der **Heimat** entstand, im Gegensatz zu den anderen Werten, erst im Zuge der Moderne und erscheint daher heute eine besondere Handlungsrelevanz für die Bergbauern und -bäuerinnen zu haben. Die kleinste Einheit, in der sich die soziokulturelle und die landschaftliche Dimension von Heimat vereinen, ist der Hof. Wenn die Bergbauern und -bäuerinnen von der Weiterführung der Höfe sprechen, geht es daher um den Erhalt ihrer Heimat als Ort der emotionalen

Sicherheit, Ruhe und Inspiration. Der Erhalt des Hofes als Heimat wird durch das tradierte Prinzip des Substanzerhalts gewährleistet. Nach diesem muss der Hof bei der Übergabe an den oder die NachfolgerIn in einem gleichwertigen Zustand sein, wie bei der Übernahme von den AltbäuerInnen. Die emotionale Verpflichtung der BetriebsleiterInnen zu diesem Prinzip stellt bis heute einen Schutz vor der Ausbeutung des Hofes für individuelle Zwecke dar und bildet gleichzeitig einen Generationenvertrag, der im Sinne einer nachhaltigen Entwicklung des Alpenraumes steht. Dennoch wird deutlich, dass die Bereitschaft zur Verantwortungsübernahme für den Erhalt der Heimat sinkt.

Hinsichtlich der sozio-kulturellen Dimension der Heimat konnte festgestellt werden, dass die Übernahme des Hofes heute von der Angst überschattet wird keine/n Partner/in zu finden, die/der das Leben am Hof mitträgt. Dies kann ein Grund sein, den Hof nicht zu übernehmen. Darüber hinaus ist eine Tendenz zur Aufgabe des Mehrgenerationenwohnens auf den Höfen und der Hinwendung zur Kleinfamilie zu beobachten. Die Ursachen für diese Entwicklungen liegen zum einen in dem Bedürfnis nach Privatsphäre und nach Freiheit von den Verpflichtungen gegenüber den Altbauern und -bäuerinnen. Zum anderen mangelt es am Berg an sozialer Infrastruktur, die das Aufziehen von Kindern erleichtert wenn beide Eltern neben der Hofarbeit berufstätig sind. In Bezug auf die landschaftliche Dimension der Heimat ist zunächst festzustellen, dass die Alpenlandschaft generell einen großen Heimatcharakter hat, da sie eine hohe naturräumliche Vielfalt aufweist. Für die Bergbauern und -bäuerinnen gilt dies umso stärker, da sie eine wesentliche Verantwortung für den Erhalt und die Gestaltung der Kulturlandschaft haben. Bis heute ist die Pflege der Kulturlandschaft in der bergbäuerlichen Moralvorstellung verankert. Im Unterschied zu früher besteht jedoch keine direkte, existentielle Abhängigkeit von der Naturlandschaft. Der ökonomische Druck, der auf der Bergbauernlandschaft lastet, führt daher dazu, dass die tradierten Bewirtschaftungsprinzipien und damit auch die Verantwortung für den Erhalt der Landschaft teilweise aufgegeben werden.

Neben der Zugehörigkeit zu diesen kollektiven Werten konnte auch eine **Abgrenzung** der Bergbauern und -bäuerinnen auf der Grundlage der kollektiven Werte festgestellt werden. Dazu hoben die Befragten die funktionelle Dimension ihrer Werte hervor und stellten damit ihre eigene Gemeinschaft über andere Gruppen und Individuen. Die Gruppe, von der sich die Bergbauern und -bäuerinnen am stärksten abgrenzten, waren die Obstbauernbetriebe. Diese sind den Bergbauern und -bäuerinnen kulturell am ähnlichsten. Die Integrität der Bergbauerngemeinschaft bedarf daher gegenüber der Gruppe der Obstbetriebe den größten Schutz. Neben den Obstbetrieben wurden Abgrenzungsbestrebungen gegenüber anderen landwirtschaftlichen Gruppen, den Städten und Gemeinden im Tal und der Mehrheitsgesellschaft deutlich. Insgesamt zeigte sich, dass die diskreten Gruppenmerkmale der Bergbauern und -bäuerinnen jedoch an Abgrenzungspotenzial verlieren. Die Ursache liegt darin, dass die bergbäuerlichen Werte den Ansprüchen der kurzfristigen Nutzenmaximierung nicht gerecht werden. Gegen die Bedrohung der Gruppenintegrität und ihres eigenen Daseins verteidigen sich die Befragten daher einerseits durch eine allgemeine Distanzierung von der kapitalistischen Denkweise und andererseits durch die Stigmatisierung schwächerer Gruppen. Dennoch wird deutlich, dass das Leben außerhalb der Gruppe an Attraktivität gewinnt, da es mit Annehmlichkeiten wie Urlaub, Freizeit, geregelte Arbeitszeiten und vor allem der Aussicht auf finanzielle Sicherheit einhergeht.

Zusammenfassend kann die Existenz einer bergbäuerlichen, kollektiven Identität bestätigt werden. Ihre Dimensionen unterliegen jedoch sowohl Erosion- als auch Anpassungsprozessen, die auf einen Bedeutungsverlust der kollektiven Identität gegenüber individueller, zweckrationaler Ziele hindeuten. Dennoch oder gerade auf Grund dieser Entwicklungen ist die organisch-rationale Vernunft der kollektiven Identität ausschlaggebend für den Verbleib der Bergbauern und -bäuerinnen am Berg.

Stellt der Bergweiler für die Bergbauern und -bäuerinnen (noch) eine relevante Form der Gemeinschaft im Sinne Tönnies Gemeinschaft des Ortes dar?
Die Gemeinschaft bildet den Träger kollektiver Identität. Die Stabilität der Nachbarschaftsgemeinschaft ist daher ausschlaggebend für die Entscheidung des Individuums, die kollektive, bergbäuerliche Identität in seinem Inneren zu erhalten. Sowohl in Vellau als auch im Tabland konnten nachbarschaftliche Strukturen nachgewiesen werden. Diese bezogen sich ähnlich der kollektiven Identität ausschließlich auf die BewohnerInnen der Bergweiler, die einen Bergbauernhof führten.

Die Grundvoraussetzungen der Gemeinschaft bilden die **territoriale Einheit** der Höfe und das Vorhandensein von Gemeinsamkeiten. Am stärksten wird die territoriale Einheit der Gemeinschaft von den Stilllegungstendenzen der Höfe gefährdet, denn dadurch werden die verbleibenden HofbesitzerInnen ins soziale Abseits gedrängt. Mit nur neun bzw. elf Höfen ist die territoriale Einheit sowohl in Vellau als auch im Tabland bedroht und die Gefahr einer sozialen Vereinsamung der BergbewohnerInnen daher real. Gemeinsamkeiten in der Lebensführung konnten auf den Höfen dennoch nachgewiesen werden. Die größte Gemeinsamkeit liegt heute darin, dass alle Höfe vor die Situation gestellt sind, ein funktionierendes Lebensmodell zusammenstellen zu müssen. Weitere Gemeinsamkeiten sind die Errungenschaft der alpinen Kulturlandschaft und einige Selbstverwaltungsstrukturen innerhalb der Bergweiler. Im Vergleich zu früheren Zeiten ist die Teilnahme an diesen Gemeinsamkeiten individuell unterschiedlich. Jeder Hof erlebt die Gemeinschaft daher heute auf eine eigene Art und Weise.

Territoriale Einheit und Gemeinsamkeiten sind die Voraussetzungen der Gemeinschaftsbildung, erst die **Wechselseitigkeit der Beziehungen** macht eine soziale Gruppe jedoch zur Gemeinschaft. In Vellau und im Tabland hat sich zum Thema der Reziprozität gezeigt, dass die wechselseitigen Sozialbeziehungen heute in einigen Punkten erodieren aber dennoch existent sind. Insbesondere wurde lamentiert, dass die Nachbarschaftshilfe heute sehr schwach und nicht mehr selbstverständlich sei. Die Ursache der Erosion liegt in der Tatsache, dass die wechselseitige Abhängigkeit der Gemeinschaftsmitglieder nicht mehr existentieller Art ist. Neben der erodierenden Nachbarschaftshilfe konnten weitere Formen wechselseitiger Sozialbeziehungen zwischen den Bergbauern und -bäuerinnen identifiziert werden, die weiterhin Bestand haben. In Vellau wurde sogar deutlich, dass sich mit der Bildung von Interessengemeinschaften und betrieblichen Kooperationen neue Formen der Reziprozität bilden, die einen erweiterten Möglichkeitenhorizont für das Leben am Berg schaffen.

Neben der Nachbarschaftshilfe wurde eine weitreichende Aufgabe der **Aktiv-Kultur** beklagt. Gerade in Vellau werden kulturelle Aktivitäten vor dem Hintergrund des ökonomischen und zeitlichen Drucks, der auf den Höfen lastet, als nicht praktikabel bezeichnet. Insbesondere dadurch, dass die sozialen Beziehungen zwischen den Höfen heute kaum existentielle Funktionen übernehmen, zieht der Verlust der Aktivkultur eine Schwächung der Identifikation mit der Gemeinschaft nach sich.

Die Einbindung in eine Gemeinschaft bedeutet für ihre Mitglieder auch, einer **Enge** ausgesetzt zu sein, die aus der Verpflichtung zur Erfüllung der tradierten Prinzipien und der sozialen Kontrolle durch die Gemeinschaftsmitglieder besteht. Wie an einigen Beispielen deutlich wurde, kann die Nähe des Zusammenlebens sogar zu Drohungen und Gewalt führen. Diese Eigenschaft der Gemeinschaft hat daher sowohl positive als auch negative Auswirkungen auf die Motivation, die Berghöfe weiterzuführen.

Das letzte Merkmal der Gemeinschaft, die **Dynamik und Anpassungsfähigkeit**, bestimmt das Leben der Bergbauern und -bäuerinnen im Gesamten, da sie ihr Lebens- und Wirtschaftsmodell ständig an die sich verändernden Bedingungen der Landwirtschaft anpassen müssen. In Vellau sind diese Dynamiken tendenziell eher darauf ausgelegt, innovative Wege des Einkommenserwerbs auszuprobieren. Dabei spielt die Etablierung neuer gemeinschaftlicher Strukturen eine wichtige Rolle. Im Tabland sind innovative Ansätze dagegen selten, stattdessen herrschen Überlegungen der Betriebsaufgabe vor.

Insgesamt wurde deutlich, dass die Strukturen der Nachbarschaftsgemeinschaften in Vellau und im Tabland geschwächt sind. Der Bedeutungsverlust der kollektiven Identität kann auf diese Schwächung zurückgeführt werden. Diese Kausalität gibt gleichzeitig einen Hinweis darauf, dass der Verbleib der interviewten Bergbauern und -bäuerinnen am Berg auch durch ihre Einbindung in die gemeinschaftlichen Strukturen und dessen stetige Anpassung an die veränderten Rahmenbedingungen zu begründen ist.

Welche Geltungsbedeutung hat die Gesellschaft für die Mitglieder der Gemeinschaft?
Die Anpassungs- und Erosionstendenzen in der kollektiven Identität und Gemeinschaft am Berg deuteten schon an, dass die Mitglieder der Gemeinschaft nicht ausschließlich in gemeinschaftlichen Bezügen leben, sondern von der Gesellschaft beeinflusst werden. Sowohl Mead als auch Tönnies beschreiben

die Entwicklung in die Moderne als spannungsgeladenen Aushandlungsprozess zwischen der individuellen und der kollektiven Identität bzw. der Gesellschaft und der Gemeinschaft. Im letzten Analyseschritt wird daher nach der Geltungsbedeutung der Gesellschaft, verkörpert durch den Staat, die Wirtschaft und die Zweckrationalität der Beziehungen, für die Lebensordnung der Gemeinschaftsmitglieder gefragt.

Hinsichtlich der **ökonomischen Reproduktion** der Gemeinschaftsmitglieder wird eine klare Hinwendung zu ökonomisch-zweckrationalen Denk- und Handlungsorientierung ersichtlich. Allein der Erhalt der Höfe ist jedoch der Beweis dafür, dass die betrieblichen Entscheidungen nicht ausschließlich durch zweckrationale, sondern auch durch emotionale Motive angetrieben werden. Da die traditionelle Landwirtschaft unter den Bedingungen der modernen landwirtschaftlichen Verhältnisse nicht ausreicht, um die ökonomische Existenz der Familien zu sichern, besteht eine Tendenz zur Kombination verschiedener Erwerbsformen. Mit Ausnahme der Lohnarbeit bildet der Hof die Grundlage für die unterschiedlichen Formen des Erwerbs. Die Einkommensquellen liegen jedoch hauptsächlich außerhalb der Gemeinschaft, insbesondere im Tourismus, der Industrie und dem Nahrungsmittelgewerbe. Während die Gesellschaft also einerseits eine wichtige Funktion für die ökonomische Reproduktion der Gemeinschaftsmitglieder hat, wird die Generierung des Einkommens andererseits durch zahlreiche Reglementierungen des Staates erschwert.

Die traditionellen Prinzipien der **ökologischen Reproduktion** sind bis heute in den Produktionsprinzipien der Bergbauernlandwirtschaft verankert und werden über das Moralverständnis der Bergbauern und -bäuerinnen kontrolliert. Mit dieser Form des nachhaltigen Wirtschaftens sichern die Bergbauern und -bäuerinnen nicht nur ihre eigene Existenz am Berg, sondern sie übernehmen auch eine wichtige ökologische Funktion für die Gesellschaft. Die Aufgabe der ökologischen Wirtschaftsprinzipien hätte den Verlust der gepflegten Kulturlandschaft zur Folge mit weitreichenden Konsequenzen für die Sicherheit der Talgebiete, den ästhetischen Wert der Landschaft und die ökonomische sowie zivile Nutzbarkeit der Alpen. Die rational-ökonomische Denkweise und die zeitliche Belastung der Bergbauern und -bäuerinnen veranlasst die Gemeinschaftsmitglieder jedoch zusehends zur Aufgabe der Prinzipien der ökologischen Reproduktion. Der Staat versucht dieser Entwicklung durch eine gezielte Kopplung der Agrarförderung an die Einhaltung von Umweltprinzipien entgegenzuwirken. Da ein Großteil der gesellschaftlichen Umweltprinzipien auf den tradierten Prinzipien aufbaut, werden die Reglungen nur in den Fällen als störend empfunden, wo sie abweichen, ansonsten werden sie sogar positiv bewertet. Letztlich kann der Staat jedoch keinen Einfluss auf die Aufrechterhaltung dieser Bewirtschaftungsprinzipien ausüben, wenn die Höfe aufgegeben werden.

Die ökologischen Wirtschaftsprinzipien bilden einen wesentlichen Bestandteil der bergbäuerlichen Kultur und sind eng verbunden mit den Prinzipien der **sozialen Reproduktion**. Wie vorausgehend gezeigt werden konnte, unterliegen sowohl die bäuerlichen Sozialstrukturen als auch die bäuerliche

Kultur starken Wandlungstendenzen, die von den Prozessen der Vergesellschaftung ausgelöst werden. Innerhalb dieser Wandlungsprozesse verlieren die sozialen Funktionen der Gemeinschaft an Bedeutung während die Funktionen der Gesellschaft an Bedeutung gewinnen. Deutlich wird dies vor allem an dem Wert des kollektiven Wissens für die Existenzsicherung der Gemeinschaftsmitglieder im Vergleich zum Wert der staatlichen (Aus-)Bildung. Außerdem verliert der Hof an Bedeutung hinsichtlich seiner sozialen Vor- und Fürsorgefunktion, während die Bedeutung der Gesellschaft für die Gemeinschaftsmitglieder in dieser Hinsicht steigt. In allen Punkten wurde ersichtlich, dass die Gemeinschaft gleichzeitig wertvolle Funktionen für die Gesellschaft erbringt, denn die bäuerliche Kultur, ihr traditionelles Wissen und die Versorgungsleistungen der Höfe entlasten die Gesellschaft und bieten Alternativen zu den teils problembehafteten gesellschaftlichen Entwicklungen.

Insgesamt wurde deutlich, dass es sich bei der bergbäuerlichen Gemeinschaft um eine Gruppe mit starken Vergesellschaftungstendenzen handelt. Die Bergbauern und -bäuerinnen sind daher nicht als abgeschlossene Gruppe zu betrachten, sondern als Teil der Gesellschaft. Derzeit herrscht jedoch innerhalb der Gemeinschaft der Bergbauern und -bäuerinnen ein Gefühl der sozialen Marginalisierung vor. Dieses begründet sich sowohl durch die Geringschätzung ihrer Funktionen für die Gesellschaft als auch durch die mangelnde finanzielle und ideelle Anerkennung ihrer spezifischen Bedürfnisse. Mit der sozialen Marginalisierung der Gemeinschaft geht auch ein Attraktivitätsverlust der Bergbauernlandwirtschaft einher. Allerdings kann nicht von einem generell negativen Einfluss der Gesellschaft gesprochen werden, denn in einigen Bereichen werden die Funktionen der Gesellschaft für die Gemeinschaft positiv bewertet. Der Vergesellschaftungsprozess hat daher sowohl positive als auch negative Einflüsse auf die Attraktivität des Bergbauerndaseins. Der Schlüssel für die Existenzfähigkeit der Bergbauernlandwirtschaft scheint letztlich in einer möglichst geschickten Verbindung gesellschaftlicher und gemeinschaftlicher Werte, Strukturen und Funktionen zu liegen.

Kritische Würdigung, Perspektiven und Ausblick
Die Auswertungsmethode der qualitativen Inhaltsanalyse nach Mayring (2010) stellte sich für das Forschungsvorhaben als passend heraus. Mit den Konzepten „kollektive Identität", „Gemeinschaft" und „Gesellschaft" zielte die Fragestellung der Arbeit auf die Untersuchung überwiegend latent vorliegender Forschungsgegenstände ab. Die Textstellen konnten daher häufig hinsichtlich verschiedener Kategorien interpretiert werden, wodurch die Ergebnisdarstellung erschwert wurde, da Dopplungen im Interesse der LeserInnen vermieden werden sollten. Die Latenz der Untersuchungsgegenstände veranlasste darüber hinaus zu einer sehr kleingliedrigen Kodierung der Forschungsdaten. Die feine Zergliederung der Forschungsdaten hat den Vorteil einer differenzierten Zuordnung aller Textstellen, anderseits geht der Überblick über die Lage der einzelnen Indivi-

duen verloren. Da in der Forschungsarbeit nicht das Individuum, sondern die Gemeinschaft im Vordergrund steht, ist diese Tatsache zu verschmerzen. Im Hinblick auf den Beitrag der Forschungsarbeit für den wissenschaftlichen Diskurs und die politische Praxis zeichnet sich ein vielschichtiger Nutzen der Forschungsergebnisse ab.

1. Der Erhalt der Berglandwirtschaft als traditionelle Lebens- und Wirtschaftsweise ist in erster Linie dem Recht der Bergbauern und -bäuerinnen auf den Erhalt ihrer Identität und ihrer ökonomischen, ökologischen und sozialen Existenzsicherung geschuldet. Die Analyse der kollektiven Identität und Gemeinschaft am Berg bietet eine Grundlage dafür, dass die bisher schwache Bedeutung der soziokulturellen Dimension der Berglandwirtschaft in der Förderpolitik gestärkt werden kann.
2. Die Verbindung der theoretischen Konzepte „kollektive Identität" und „Gemeinschaft" und ihre Anwendung auf die Bergbauernlandwirtschaft stellt eine Ergänzung für die theoretische Auseinandersetzung mit Gemeinschaften dar.
3. Insgesamt steht die Forschungsarbeit im Kontext der nachhaltigen Entwicklung. Die Bergbauern und –bäuerinnen stellen ein Beispiel einer traditioneller Lebens- und Wirtschaftsweise dar, an dem die Bedeutung traditioneller Gemeinschaften im Nachhaltigkeitsdiskurs verdeutlicht werden kann.

Im Hinblick auf die Verbesserung der Förderpolitik der Berglandwirtschaft sollten der Gemeinschaft und ihrer spezifischen Bedürfnisse eine höhere Beachtung geschenkt werden. Die Hinwendung in Richtung einer Politik der Gemeinschaft muss sowohl die Agrarpolitik als auch die Familien-, Bildungs- und Gesundheitspolitik umfassen. Das Ziel sollte es sein, die Bergbauern und – bäuerinnen aus ihrer Situation der gesellschaftlichen Marginalisierung in die Mitte der Gesellschaft zurück zu holen, ohne sie als unterscheidbare Gruppe zu verlieren. Zum einen sollten die ökonomische, soziale und ökologische Reproduktionsfunktion der Gemeinschaft selbst gestärkt werden, zum Beispiel, indem betriebliche Kooperationen eingegangen und Arbeitsplätze innerhalb der Berggemeinschaften vergeben werden. Zum anderen müssen die spezifischen Bedürfnisse der Bergbauern und -bäuerinnen innerhalb der Institutionen der Gesellschaft eine größere Beachtung finden. Im Bereich des Bildungssektors wäre ein Ansatz dazu, das Thema der Bergbauernlandwirtschaft in den Bildungs- und Erziehungsplan der Südtiroler Schulen aufzunehmen. Auf diese Weise würden die Bergbauernkinder praxisrelevante Inhalte erlernen und die Kinder, die nicht aus der Landwirtschaft kommen, den Wert der Bergbauernlandwirtschaft erkennen. Dies würde möglicherweise auch zu einer höheren Toleranz gegenüber den Bergbauern und -bäuerinnen führen. Hinsichtlich der Umsetzung dieser Anforderungen sind weitere Forschungen notwendig.

Quellenverzeichnis

Andreas, T., Einwohnermeldeamt Partschins (04.04.2016): Telefonische Auskunft zum Einwohnerstand der Fraktion Tabland.
ASTAT, Landesinstitut für Statistik der autonomen Provinz Bozen – Südtirol (2000): 5. Landwirtschaftszählung. Bozen. Online unter: http://www.provinz.bz.it/astat/download/LZ_2000_new.pdf, Stand 11.7.2015.
ASTAT, Landesinstitut für Statistik der autonomen Provinz Bozen – Südtirol (2013): 6. Landwirtschaftszählung. Bozen. Online unter: http://www.provinz.bz.it/astat/de/landwirtschaftszaehlung/download/LZ_2010.pdf, Stand 11.07.2015.
Autonome Provinz Bozen (Hg.) (14.11.2013): EU-Agrarreform. Land stellt sich auf schwierige Verhandlung ein. Online unter: http://www.provinz.bz.it/news/de/news.asp?news_action=4&news_articl e_id=442221, Stand 14.11.2013.
Autonome Provinz Bozen (2008, 19. Sept.): Landesgesetz Nr. 7. Regelung des "Urlaub auf dem Bauernhof", Art 1,2,3,6. Online unter: http://lexbrowser.provinz.bz.it/doc/de/lp-2008-7/landesgesetz_vom_19_september_2008_nr_7.aspx?view=1, Stand 08.03.2016.
Autonome Provinz Bozen (2001, 28. Nov.): Landesgesetz Nr. 17. Höfegesetz 2001, Art. 31 i. Verb. m. art. 20. In: Mori, E.; Hintner, W. (2013): Der geschlossene Hof. Geschichtliche Entwicklung und geltende Bestimmungen. Online unter: http://www.mori.bz.it/IL%20MASO%20CHIUSO-TE-tedesco.pdf, Stand 08.03.2016.
Autonome Provinz Bozen, Abteilung Landwirtschaft: Geschlossener Hof. Online unter: http://www.provinz.bz.it/landwirtschaft/bauernhof/geschlossener-hof.asp, Stand 08.03.2016.
Autonome Provinz Bozen, Abteilung örtliche Körperschaften: Allgemeine Informationen. Online unter: http://www.provinz.bz.it/oertliche-koerperschaften/themen/allgemeine-informationen.asp, Stand 08.3.2016.
Barth, F. (1998): Ethnic Groups and Boundaries. The Social Organization of Cultural Difference. Long Grove. [Erstauflage 1969].
Bauer J. (03.08.2016): Persönliche Auskunft nach Abschluss der Datenerhebung.
Baur, P.; Pezzati, M.; Rieder, P., Schluep, I. (1999): Langfristige Entwicklung der Agrarstrukturen in Südtirol. Hrsg. von Europäische Akademie Bozen. Bozen.
Baumgartner, E. (1994): Der Erbhof als Bollwerk oder als Aushängeschild. Eine kritische Bestandsaufnahme. In: Südtiroler Erbhöfe. Menschen & Geschichten. Hrsg. von Rösch, P. Bozen.

Bätzing, W. (1984): Die Alpen. Naturbearbeitung und Umweltzerstörung. Ein ökologisch-geographischer Essay. Frankfurt a.M.
Bätzing, W. (2003): Die Alpen. Geschichte und Zukunft einer europäischen Kulturlandschaft. 2. Aufl. München.
Bätzing, W. (2009): Orte guten Lebens. Die Alpen jenseits von Übernutzung und Idyll. Einsichten und Einmischungen aus drei Jahrzehnten. Zürich.
Bätzing, W. (2015): Die Alpen. Geschichte und Zukunft einer europäischen Kulturlandschaft. 4. Aufl. München.
Beck, U. (1986): Risikogesellschaft. Auf dem Weg in eine andere Moderne. Frankfurt a. M.
Berndt, T. (2009): Rezension. „Soziale Gemeinschaften. Experimentierfelder für kollektive Lebensformen." Grundmann, Dierschke, Drucks & Kunze (2006). In: Forum: Qualitative Social Research. Vol. 10 (1), Art. 20, Jan. 2009. Online unter: http://nbn-resolving.de/urn:nbn:de:0114-fqs0901208, Stand 08.03.2016.
Bourdieu, P. (1989): Social Space and Symbolic Power. In: Sociological Theory 7 (1), S. 14. Online unter: http://www.soc.ucsb.edu/ct/pages/JWM/Syllabi/Bourdieu/SocSpaceSPowr.pdf, Stand 02.04.2016.
Bourdieu, P. (1997): Das Elend der Welt. Zeugnisse und Diagnosen alltäglichen Leidens an der Gesellschaft. 1. Auflg., [Nachdr.]. Konstanz.
Buchwald, K. (1984): Heimat heute: Wege aus der Entfremdung. In: Heimat heute. Hrsg. von Landeszentrale für politische Bildung Baden-Württemberg. Stuttgart.
Burger-Scheidlin, H. (2002): Kultur-Landschaft(s)-Pfleger. Selbstverständnis, Image und Identität der österreichischen Bergbauern [Diplomarbeit an der Universität Wien]. Wien. Online unter: http://textfeld.ac.at/text/471/, Stand 30.08.2015.
Burggrafenamt: Vellau. Online unter: http://www.burggrafenamt.com/de/landleute/meraner-land/algund/vellau.html, Stand 09.03.2016.
Cole, J.; Wolf, E. (1995): Die unsichtbare Grenze. Ethnizität und Ökologie in einem Alpental [Titel der englischsprachigen Originalausgabe von 1974: The Hidden Frontier. Ecology and Ethnicity in an Alpine Valley]. Wien.
Costa Filho, A. (2015): Plenum 1: Territorien und Gemeinschaften. Online unter: https://www.kooperation-brasilien.org/de/veranstaltungen/rundertisch-brasilien/rtb-2015-1/ProtokollKoBra_Plenum1.pdf, Stand 3.2.2016.
Dietzel, L. (2011): Mapuche Sein oder Nichtsein. Eine Frage der Identität. Programme zur Identitätsförderung in San Bernardo (Working Paper Series 33). Online unter: http://www.mapuche.info/mapuint/dietzel20110200.pdf, Stand 9.3.2016.
Dirscherl, C. (1989): Bäuerliche Freiheit und genossenschaftliche Koordination. Untersuchungen zur Landwirtschaft in der vertikalen Integration. Wiesbaden.

DUDEN: Lebensordnung, die. Online unter: http://www.duden.de/rechtschreibung/Lebensordnung, Stand 31.03.2016.

Durkheim, E. (1981): Die elementaren Formen des religiösen Lebens. Frankfurt a.M.

Eikelpasch, R. und **Rademacher, C.** (2004): Identität. In: Themen der Soziologie. Bielefeld.

Erikson, E. H. (1959): Identität und Lebenszyklus. Drei Aufsätze. Frankfurt a. M.

Fatheuer, T. (2011): Buen vivir. Eine kurze Einführung in Lateinamerikas neue Konzepte zum guten Leben und zu den Rechten der Natur (Schriftenreihe Ökologie, Bd. 17). Hrsg. von der Heinrich-Böll-Stiftung. Berlin. Online unter: https://www.boell.de/sites/default/files/Endf_Buen _Vivir.pdf, Stand 3.2.2016.

Fellet, A., Einwohnermeldeamt Algund (11.04.2016): Telefonische Auskunft zum Einwohnerstand der Fraktion Vellau.

Fischer, C. (02.08.2013): Der Landwirt der Zukunft. In: Südtiroler Landwirt, Nr. 14. Online unter: http://www.unibz.it/de/sciencetechnology/welcome/ViewIWPBlob.custo mHand-ler?NewsID=77424&language=de, Stand 25.08.2015.

Flick, U. (2009): Sozialforschung. Methoden und Anwendungen. Ein Überblick für die BA-Studiengänge. Hamburg.

Fliege, T. (1998): Bauernfamilien zwischen Tradition und Moderne. Eine Ethnographie bäuerlicher Lebensstile. Frankfurt a.M..

Forcher, A. Vizebürgermeister und Referent für Urbanistik, Raumordnung, u.a. 15.01.2016: Telefonische Mitteilung zu den Berghöfen im Tabland.

Forschungsgruppe traditionelle Völker und Gemeinschaften. Online unter: http://www.uni-kassel.de/fb05/fachgruppen/politikwissenschaft/didaktik-der-politischen-bildung-powi/mitarbeiterinnen/dr-dieter-gawora/forsch ung/forschungsgruppe-traditionelle-voelker-und-gemeinschaften.html, Stand 07.03.2016.

Gawora, D. (2011): Traditionelle Völker und Gemeinschaften als Subjekte der Veränderung. In: Traditionelle Völker und Gemeinschaften in Brasilien (Entwicklungsperspektiven. Bd. 100). Hrsg. von Gawora et al. Kassel, S. 13-32.

Gawora, D. (2015): Strategische Gruppen für eine nachhaltige Entwicklung. In: Brasilicum 238/239, Okt. 2015. Hrsg. von KoBra – Kooperation Brasilien e.V. Freiburg, S. 4-6.

Gawora, D. (2016): Die Wiederentdeckung der Gemeinschaften. [Unveröffentlichtes Paper]. Kassel.

Gemeinde Algund: Zahlen und Fakten. Online unter: http://www.algund.net/system/web/fakten.aspx?menuonr=219435358, Stand 09.03.2016.

Gemeinde Partschins. Zahlen und Fakten. Online unter: http://www.gemeinde.partschins.bz.it/system/web/fakten.aspx?menuonr= 219370516, Stand 09.03.2016.

Girtler, R. (2002): Echte Bauern. Der Zauber einer alten Kultur. Wien.
Girtler, R. (2012): Aschenlauge. Die alte Kultur der Bauern. Böhlau. [Erstauflage 1987].
Groier, M. (2004): Wachsen und Weichen. Rahmenbedingungen, Motivationen und Implikationen von Betriebsaufgaben in der österreichischen Landwirtschaft. In: Ländlicher Raum Nr. 6. Online unter: http://www.forschungsnetzwerk.at/downloadpub/artikel_groier_laendlicher_raum_6-2004_Wachsen_und_Weichen.pdf, Stand 14.05.2015.
Groß, M. (2006): Natur (Einsichten. Themen der Soziologie). Bielefeld.
Grundmann, M. (2006): Soziale Gemeinschaften. Zugänge zu einem vernachlässigten soziologischen Forschungsfeld. In: Soziale Gemeinschaften. Experimentierfelder für kollektive Lebensformen. Hrsg. von Grundmann, M. et al. Münster, S. 7-29.
Grundmann, M. (2011): Gemeinschaft & Gesellschaft in Postmodernen Gesellschaften. Münster. Online unter: http://gemeinsam-nachhaltig.uni-muenster.de/wp-content/uploads/Gemeinschaft-Gesellschaft-in-postmodernen-Gesellschaften.pdf, Stand 06.03.2016.
Götz, A.; Roher, M. (2011): Der Grundstein einer gemeinsamen Alpenpolitik. In: Szene Alpen. Fazit zu 20 Jahre Alpenkonvention. Nr. 95. 02/2011, S. 5-6.
Hahne, U. (2014): Regionale Resilienz und postfossile Raumstrukturen – Zur Transformation schrumpfender Regionen. In: Transformation der Gesellschaft für eine resiliente Stadt- und Regionalentwicklung. Ansatzpunkte und Handlungsperspektiven für die regionale Arena. Hrsg. von Hahne, U. Detmold, S. 11-32.
Holtkamp, C. (2014): Die Bergbauern in den Alpen. Geschichte und Legitimation der Berglandwirtschaft [unveröffentlichte Hausarbeit im Seminar „Nachhaltig wirtschaftende Bevölkerungsgruppen" bei Dieter Gawora, Universität Kassel]. Kassel.
Holtkamp, C. (2015): Zukunftsfähigkeit der Bergbauern und -bäuerinnen in Südtirol [unveröffentlichte Hausarbeit im Seminar „Traditionelle Gemeinschaften und Zukunftsfähigkeit" bei Dieter Gawora, Universität Kassel]. Kassel.
Holzberger, R. (1986): Die Talfahrt der Bergbauern, Regensburg.
Institut für Mittelstandsforschung Bonn: Familienunternehmen-Definition des IfM Bonn. Online unter: http://www.ifm-bonn.org/mittelstandsdefinition/definition-familienunternehmen/, Stand 29.05.2015.
Institut für Soziologie Münster: Arbeitskreis Gemeinschafts- und Nachhaltigkeitsforschung. Online unter: https://www.uni-muenster.de/Soziologie/organisation/arbeitsgruppen/gemeinsam-nachhaltig.shtml, Stand 02.02.2016.

Katz, P. (2013): Vom Knecht zum Arbeiter. Ergebnisse einer anthropologischen Studie im Stil der frühen 1970er Jahre. In: Südtiroler Erbhöfe. Menschen und Geschichten. Hrsg. von Autonome Provinz Bozen - Südtirol, Amt für bäuerliches Eigentum. Unter Mitarbeit von Bergmeister K., Griessmair H., Kofler A., Kronbichler, F., Pitro S. und Schennach, M. Bozen, S. 37–51.

Kelle, U.; Erzberger, C. (2008): Qualitative und quantitative Methoden. Kein Gegensatz. In: Qualitative Forschung. Ein Handbuch. Hrsg. von Flick, U. et al. 6. Aufl. Hamburg, S. 299-308.

Kiem, M. (2005): Die letzten 50 Jahre. In: 1000 Jahre Algund. Hrsg. von Gemeinde Algund unter Mitarbeit von Kiem, M. et al. Bozen.

Kirchengast, C. und Schermer, M. (2006): Perspektiven für die Berglandwirtschaft. In: alpine space. man & environment, Nr. 1, S. 41-55.

Koch, S. (2012): Nachhaltige Dorfentwicklung. Zukunft-Identität-Tradition in nordhessischen Dörfern. Hrsg. von Dieter Gawora. Kassel.

Krammer, J. (1988): Landleben als Ideologie: Entwicklung und Funktion der Bauerntumsideologie. In: Kultur und Gesellschaft. Gemeinsamer Kongress der Deutschen, der Österreichischen und der Schweizerischen Gesellschaft für Soziologie. Hrsg. von Deutsche Gesellschaft für Soziologie. Zürich, S. 706-709. Online unter: http://nbn-resolving.de/urn:nbn:de:0168-ssoar-146092, Stand 03.03.2016.

Leonardi, A. (2009): 1809-2009 Südtiroler Landwirtschaft zwischen Tradition und Innovation. Hrsg. von Südtiroler Bauernbund. Bozen. Online unter http://www.sbb.it/docs/default-source/news-downloads/begleitschrift-zur-wanderausstellung-publikation-von-prof-andrea-leonardi, Stand 28.12.2014.

Lohauß, P. (1995): Moderne Identität und Gesellschaft. Theorien und Konzepte. Opladen.

Lukas, K. (2008): Bergbauern. Eine ethnische Untersuchung von Hof und Familie im Oberpinzgau [Diplomarbeit an der Universität Wien]. Wien. Online unter http://othes.univie.ac.at/2334/, Stand 14.05.2015.

Mayring, P. (2010): Qualitative Inhaltsanalyse. Grundlagen und Techniken. 11. Aufl. [aktual. und überarb.]. Weinheim.

Mead, G.H. (1973): Geist, Identität und Gesellschaft aus der Sicht des Sozialbehaviorismus. 1. Aufl. Frankfurt a.M.

Messerli, P. (1989): Mensch und Natur im alpinen Lebensraum. Risiken, Chancen, Perspektiven. Stuttgart.

Messner, R. (2006): Gebrauchsanweisung für Südtirol. München.

Mori, E.; Hintner, W. (2013): Der geschlossene Hof. Geschichtliche Entwicklung und geltende Bestimmungen. Online unter: http://www.mori.bz.it/IL%20MASO%20CHIUSO-TE-tedesco.pdf, Stand 08.03.2016.

Müller, H. (2012): Heimat: Tradition und Auftrag. In: Wir sind Heimat. Annäherungen an einen schwierigen Begriff. Hrsg. von Pöttering, H.-G. Sankt Augustin, S. 151-154. Online unter: http://www.kas.de/upload/dokumente/2012/heimat/Heimat_mueller.pdf, Stand 12.03.2016.
Oevermann, U. (1973): Zur Analyse der Struktur von sozialen Deutungsmustern. Ohne Ort.
Openstreetmap.org: Kartendaten. Online unter:http://www.openstreetmap.org, Stand 21.10.2016.
Peuker, B. (2013): Alternativen in der Landwirtschaft. Ideologie oder Utopie. In: Momentum Quarterly. Zeitschrift für Sozialen Fortschritt. Vol. 3, Nr. 2, S. 93-106. Online unter:https://www.momentum-quarterly.org/index. php/momentum/article/view /79, Stand 06.03.2016.
Pfeil, G. (2011): Olympia. Im freien Fall. In: Der Spiegel 1/2011, S. 94. Online unter:http://www.spiegel.de/spiegel/print/d-76121080.html, Stand 30.2.2016.
Planck, U.; Ziche, J. (1979): Land- und Agrarsoziologie. Eine Einführung in die Soziologie des ländlichen Siedlungsraumes und des Agrarbereichs. Stuttgart.
Pohl, B. (1996): Die Landwirtschaft im Südtiroler Alpenraum. In: Landwirtschaft im Alpenraum - unverzichtbar aber zukunftslos? Eine alpenweite Bilanz der aktuellen Probleme und der möglichen Lösungen. Hrsg. von Europäische Akademie Bozen. Fachbereich „Alpine Umwelt" unter Mitarbeit von W. Bätzing. Wien.
Presidência da República (2007): decreto n° 6.040, de 7 de fevereiro de 2007, Art. 3.I. Online unter: http://www.planalto.gov.br/ccivil_03/_ato2007-2010/2007/decreto/d6040.htm, Stand 07.03.2016.
Provinz.bz.it: Abteilung Informationstechnik. Online unter: http://www.provinz.bz.it/informatik/themen/landeskartografie.asp, Stand 21.10.2016.
Rehberg, K.-S. (1993): Gemeinschaft und Gesellschaft. Tönnies und wir. In: Gemeinschaft und Gerechtigkeit. Hrsg. von Brumlik, M.; Brunkhorst. Frankfurt a.M., S. 19-48.
Rosa, H. (1998): Identität und kulturelle Praxis. Politische Philosophie nach Charles Taylor. Mit einem Vorwort von Axel Honneth. Frankfurt.
Rosenthal, G. (2005): Interpretative Sozialforschung. Eine Einführung. Weinheim.
Schwärz, V. (2011): Bergbäuerliche Berufsidentität(en). Eine ethnologische Untersuchung im Südtiroler Gadertal, Wien [Diplomarbeit an der Universität Wien]. Online unter: http://othes.univie.ac.at/15443/, Stand 06.05.2015.
Sennett, R. (2009): Der flexible Mensch. Die Kultur des neuen Kapitalismus. 6. Aufl. Berlin.

Sozialer Sinn: Deutungsmuster und Begriffsentwicklung: Online unter: http://www.sozialer-sinn.de/Abstracts_2001-1.htm, Stand 02.11.2016.

Spektrum: Schuttkegel. Online unter:http://www.spektrum.de/lexikon/ geographie/schuttkegel/7081, Stand 27.01.2016.

Spektrum: Schwemmfächer. Online unter: http://www.spektrum.de/lexikon/geographie/schwemmfaecher/7102, Stand 27.01.2016.

Spitta, J. (2013): Gemeinschaft jenseits von Identität? Über die paradoxe Renaissance einer politischen Idee. Bielefeld.

Stadtgemeinde Meran: Bevölkerung 2012. Online unter: http://www.gemeinde.meran.bz.it/de/download/web_ted_popolazione_att uale.pdf, Stand 22.03.2016.

Streifender, T. (2009): Die Agrarstrukturen in den Alpen und ihre Entwicklung unter Berücksichtigung ihrer Bestimmungsgründe. Eine alpenweite Untersuchung anhand von Gemeindedaten [Dissertation an der Ludwig-Maximilian-Universität München]. München. Online unter: http://edoc.ub.uni-muenchen.de/11975/1/Streifeneder_Thomas_Ph.pdf, Stand 19.05.2015.

Südtiroler Bauernbund: Betriebsarten der untersuchten Höfe. Telefonische Auskunft am 22.03.2016.

Südtiroler Landwirt (2009): Jetzt haben Bergbauern eine Lobby. „Forum Berggebiete" in Brüssel – Ab 2014 Förderachse für Berglandwirtschaft. Nr. 7, 10.04.2009. Bozen, S. 11.

Tasser, E.; Aigner, S.; Egger, G.; Tappeiner, U.: (2013): Alm/Alpatlas. Atlante delle malge. Hg. v. Arbeitsgemeinschaft Alpenländer. Bozen. Online unter:www.argealp.org/con-tent/download/2272/13184/.../ Almatlas_web.pdf, Stand 24.07.2015.

Thomas, A. (2014): Genossenschaftliche Selbsthilfe und nachhaltige Soziale Arbeit. Eigenständige Soziale Sicherung in der Gemeinwesenökonomie. Hamburg.

Tönnies, F. (1991): Gemeinschaft und Gesellschaft. Grundbegriffe der reinen Soziologie. Darmstadt. [Erstauflage 1887].

Tönnies, F. (2012): Studien zu Gemeinschaft und Gesellschaft. Hrsg. von Klaus Lichtblau. Wiesbaden.

Tourismusverein Algund: Algund Portrait. Online unter: http://www.algund.info/de/algund-bei-meran/algund/portrait.html, Stand 09.03.2016.

Uzarewicz C.; Uzarewicz M. (1997): Kollektive Identität und Tod. Zur Bedeutung ethnischer und nationaler Konstruktionen (Europäische Hochschulschriften Reihe 22 Soziologie, Bd. 316). Frankfurt a.M.

Vester, H.-G. (2009): Kompendium der Soziologie. Grundbegriffe. Wiesbaden.

Verband für landwirtschaftliche Fachbildung in Bayern e.V. (2012): Nachrichten aus dem Kreisverband (Rundbrief 182). Online unter: http://www.vlf-bayern.de/cms/upload/rundbriefe/2012-11-28-182-Rundbrief.pdf, Stand 03.02.2016.

Vienna Institute of Demography (o.J.): Historisches Ortslexikon. Statistische Dokumentation zur Bevölkerungs- und Siedlungsgeschichte. Südtirol. Online unter: http://www.oeaw.ac.at/vid/download/histortslexikon/Ortslexikon_Suedtirol.pdf, Stand 09.03.2016.

Weber, M. (2005): Wirtschaft und Gesellschaft. Tübingen. [Erstausgabe 1922].

LADOK – Entwicklungsperspektiven

Verzeichnis der lieferbaren Schriften

53 Projektgruppe: Tropenholz in Kassel. Deutschland und die Ökologie der Welt. 1994, 94 S., 6,10€.

54 Martin Hartmann: Der moderne Kannibalismus, Futtermittelimporte und regionale Agrarstruktur. 1994, 65 S., 5,10€.

55 Ute Wilke: Indianische Völker Boliviens und "Entwicklung" - Kritische Betrachtung des Weltbankprogrammes "Tierras Bajas del Este" und Auswirkungen auf die Ayoréo-Indianer. 1994, 144 S., 8,20€.

56 Ute Wilke: Ein indianisches Lesebuch. Zweisprachig, 1995, 64 S., 6,10€.

57 Guilherme Costa Delgado: Süd-Süd Dialog, Anmerkungen zu den Perspektiven portugiesischsprachiger Länder. 1995, 21 S., 4,10 €.

58 Clarita Müller-Plantenberg (Hrsg.): Indigene Perspektiven – Eine Debatte der Organisationen indigener Völker des Amazonasbeckens. 1996, 51 S., 5,10€.

59/60 GhK + Elni (Hrsg.): Wirtschaftliche, soziale und kulturelle Rechte indigener Völker. 1996, 274 S., 14,30€.

61 A. Achito, G. Alonso Velez, A. Alvarez Aristizabal u.a.: Kollektive geistige Eigentumsrechte und Biodiversität. 1997, 111 S., 7,20€.

62 Alfredo Wagner Berno de Almeida: Soziale Bewegungen und Staat im brasilianischen Amazonasgebiet. 1998, 33 S., 4,10€.

63 Isabel Guillen Pinto: Die Aluminiumproduktion in Venezuela. Externalisierte Kosten zu Lasten von Gesellschaft und Natur. 1998, 116 S., 7,20€.

64 Sabine Meißner: Produktlinienanalyse als ökonomisches Instrument - exemplifiziert am Waschmitteltensid Plantaren. 1998, 145 S., 9,20€.

65 Jörg Handrack: Genossenschaftlicher Zinnbergbau in Bolivien. Internationale Sonderstellung und Perspektiven im Vergleich zum brasilianischen Zinnbergbau. 1998, 68 S., 5,10€.

66/67 Eva Becker: Umwelt und Konsum. Einstellung und Verhalten der Deutschen zur Umwelt. 1999, 160 S., 9,20€.

68 Kashyapa A.S. Yapa: Prähispanische Ingenieurtechnik in Lateinamerika und ihre Bedeutung für die Gegenwart. 2000, 73 S., 6,10€.

69/70 Wolfram Heise: Die Rechtssituation indigener Völker in Chile. Eine rechtsethnologische Analyse der chilenischen Indianergesetzgebung (No 19.253) von 1993 vor dem Hintergrund der Schutzbestimmungen im Völkerrecht. 2000, 365 S., 16,40€.

71/72 Dieter Gawora: Urucu. Soziale, ökologische und ökonomische Auswirkungen des Erdöl- und Erdgasprojektes Urucu im Bundesstaat Amazonas (Brasilien). 2001, 314 S., 14,30€

73/74 Klima-Bündnis e.V., ONIC, CECOIN: Erdöl-, Erdgas-, Bauxit-, Kohle- und Goldförderung auf indigenen Territorien. Kolumbien, Peru und Venezuela. 2004, 142 S., 15,00€.

75   Marcelo Sampaio Carneiro: Bäuerliche Landwirtschaft und Großprojekte. Die 90er Jahre im Bundesstaat Maranhão (Brasilien). 2002, 32 S., 5,00€

76   Anja Umbach-Daniel: Biogasgemeinschaftsanlagen in der deutschen Landwirtschaft. Sozio-ökonomische und kulturelle Hemmnisse und Förder-möglichkeiten einer erneuerbaren Energietechnik. 2002, 194 S., 12,00€.

77/78 Clarita Müller-Plantenberg: Zukunft für Alle ist möglich. Soziale Gerechtigkeit und nachhaltiger Naturbezug als grenzübergreifende Herausforderungen. Kassel 2003, 206 S. plus Kartenwerk, 25,00€.

79   DAAD: Universities and Rio + 10 – Paths of sustainability in the regions, an interdisciplinary challenge. Kassel 2003, 178 S. plus CD-ROM, 15,00€.

80   H. Feldt, D. Gawora, A. Nufer u.a.: Ein anderes Amazonien ist möglich. Träume, Visionen und Perspektiven aus Amazonien, Zusammengetragen zum 60. Geburtstag von Clarita Müller-Plantenberg. Kassel 2003, 176 S., 11,00€.

81/82 Franziska Zimmermann: Baumplantagen zur Zellstoffproduktion. Sozio- ökologische und wirtschaftliche Auswirkungen in Venezuela. Kassel 2005, 217 S., 13,00€.

83/84 Clarita Müller-Plantenberg, Wolfgang Nitsch, Irmtraud Schlosser, Loccumer Initiative Kritischer WissenschaftlerInnen: Solidarische Ökonomie in Brasilien und Europa - Wege zur konkreten Utopie. Internationale Sommerschule Imshausen. Kassel 2005, 229 S., 13,00€.

85/86 Clarita Müller-Plantenberg: Solidarische Ökonomie in Europa - Betriebe und regionale Entwicklung. Internationale Sommerschule Imshausen. Kassel 2007, 296 S., 15,00€.

87   V. Uriona: Solidarische Ökonomie in Argentinien nach der Krise von 2001. Strategische Debatten und praktische Erfahrungen. Kassel 2007, 104 S., 10,00€

88   Frank Muster: Rotschlamm. Reststoff aus der Aluminiumoxidproduktion - Ökologischer Rucksack oder Input für Produktionsprozesse? Kassel 2008, 136 S., 10,00€.

89/90 A. Urán Carmona: Colombia - un Estado Militarizado de Competencia. Las Fallas Estructurales para Alcanzar la Explotación Sustentable de los Recursos Naturales. Kassel 2008, 353 S., 15,00€.

91/92 Clarita Müller-Plantenberg, Joachim Perels: Kritik eines technokratischen Europa - Der Politische Widerstand und die Konzeption einer europäischen Verfassung. Kassel 2008, 262 S., 13,00€.

93 Jacqueline Bernardi: Solidarische Ökonomie. Selbstverwaltung und Demokratie in Brasilien und Deutschland. Kassel 2009, 151 S. 12,00 €.

94 Clarita Müller-Plantenberg, Alexandra Stenzel: Atlas der Solidarischen Ökonomie in Nordhessen. Strategie für eine nachhaltige Zukunft. Kassel 2008. 127 S., 19,00 €.

95 Clarita Müller-Plantenberg: Der Bildungsprozess beim Aufbau der Solidarischen Ökonomie. KIGG-Kolloquium an der Universität Kassel im Januar 2008, 172 S. 12,00 €.

96 H. Feldt: Konfliktregelung in der Erdölindustrie im ecuadorianischen Amazonasgebiet und venezolanischen Orinokobecken. Kassel 2008, 174 S, 12,00€.

97 Claudia Sánchez Bajo: Solidarische Ökonomie als Motor regionaler Ökonomie.Ardelaine in der Ardèche, Frankreich. Kassel 2009, 9,00 €.

98 C. Müller-Plantenberg, D. Gawora, Nukleus für Solidarische Ökonomie der Universität Kassel: Solidarische Netze und solidarische Ketten - Komplexe solidarische Wirtschaftsunternehmen. Kassel, 2010, 155 S., 12,00 €.

99 Heidi Feldt, Clarita Müller-Plantenberg: Gesellschaftliche Bündnisse zur Rückgewinnung des Naturbezuges. Kassel 2010, 283 S., 16,00 €.

100 Dieter Gawora, Maria Elena de Souza Ide, Rômulo Soares Barbosa: Traditionelle Völker und Gemeinschaften in Brasilien, Kassel 2011, 233 S., 14,00 €.

101 Stefanie Koch: Nachhaltige Dorfentwicklung, Zukunft-Identität-Tradition in nordhessischen Dörfern, Kassel 2012, 128 S., 11,00 €.

102 Dieter Gawora: Gesellschaftliche Verortung traditioneller Völker und Gemeinschaften, Kassel 2013, 12,00 €.

103 Dieter Gawora, Kristina Bayer: Energie und Demokratie, Kassel 2013, 186 S., 12,00 €.

104 Kristina Bayer: Beratung als Basis erfolgreicher Partizipation, Partizipative Energiesysteme in Nordhessen, Kassel 2016, 238 S., 15,00€.

105 Sven Lämmerhirt, Annika Schmitt, Robin Sievert: Nachhaltiges Kaufungen, Kassel 2016, 77 S., 12,00 €

Bezugsadresse bis EP 72
Universität Kassel
FB 5, Lateinamerika-
Dokumentationsstelle
34109 Kassel
Tel.: 0561/804-3385

Bezugsadresse ab EP 73
kassel university press GmbH
Diagonale 10
D-34127 Kassel
info@upress.uni-kassel.de